"两型"产业集群
发展的金融支持研究

以长株潭"两型"社会试验区为例

胡梅梅 著

"Liangxing"
Chanye Jiqun Fazhan
De Jinrong Zhichi Yanjiu

湖南师范大学出版社

图书在版编目（CIP）数据

"两型"产业集群发展的金融支持研究——以长株潭"两型"社会试验区为例/胡梅梅著．—长沙：湖南师范大学出版社，2016.9

ISBN 978 – 7 – 5648 – 2670 – 3

Ⅰ．①两…　Ⅱ．①胡…　Ⅲ．①区域经济发展—金融支持—研究—湖南　Ⅳ．①F127.64②F832.764

中国版本图书馆 CIP 数据核字（2016）第 228479 号

"两型"产业集群发展的金融支持研究
—— 以长株潭"两型"社会试验区为例

胡梅梅　著

◇责任编辑：李文邦
◇责任校对：张晓芳
◇出版发行：湖南师范大学出版社
　　　　　　地址：长沙岳麓山　邮编：410081
　　　　　　电话：(0731) 88873070　88873071　传真：(0731) 88872636
　　　　　　网址：http://press.hunnu.edu.cn
◇经销：湖南省新华书店
◇印刷：长沙印通印刷有限公司
◇开本：710 mm×1000 mm　1/16
◇印张：11.25
◇字数：204 千字
◇版次：2016 年 9 月第 1 版　2016 年 9 月第 1 次印刷
◇书号：ISBN 978 – 7 – 5648 – 2670 – 3
◇定价：32.00 元

如有印装质量问题，请与承印厂调换

前　言

　　粗放型经济增长方式导致资源消费量急剧增加，环境压力越来越大，"两型"社会建设和"两型"产业发展成为经济社会发展的必然方向。"两型"产业集群不仅是推动区域经济社会快速、健康发展的根本途径，更是建设"两型"社会的有力支撑和关键路径。作为"两型"社会建设的核心内容，"两型"产业集群的发展问题正受到日益广泛的关注，但要保障其稳健成长与壮大，有效的金融支持必不可少，包括完善的金融市场、多层次的金融机构、配套的金融服务模式与产品体系的支持等。因此，加强支持"两型"产业集群发展的金融问题研究，具有重大的理论意义和实际价值。

　　"两型"产业集群发展的金融支持，是基于"两型"产业金融需求、"两型"产业与金融互动机理、旨在促进"两型"产业集群发展的制度性安排。本书参考产业经济学、区域经济学、管理学科等领域的最新成果，借鉴产业集群理论、企业融资理论、金融发展理论与"两型"社会建设等相关理论，运用理论分析、比较研究、逻辑分析、实地调研、实证分析等方法，分析了"两型"产业集群的金融需求，探讨了"两型"产业集群发展与金融发展的互动机制，构建了"两型"产业集群发展的金融支持体系，以长株潭为例，实证分析了金融支持"两型"产业集群发

展的绩效,并基于实证结果,对金融支持"两型"产业集群提出了相应的政策建议。本书的主要内容如下:

第一,在界定了"两型"产业集群的基础上,对其金融需求的特征、层级和类型进行分析,并具体剖析"两型"产业集群获取金融支持的优势与局限。"两型"产业集群的构成决定了其金融需求存在同质性、关联与传播性、稳定性等特征。处于不同生命周期的"两型"产业集群存在的金融需求各异,同一产业集群内不同规模的企业对金融服务的需求也存在较大差别。"两型"产业集群在获取金融支持时,不仅具有集群内的金融服务效率机制、政策倾斜等优势,同时也面临诸多限制,如集群内企业制度不完善、企业金融需求各异等内部限制,以及金融约束与金融抑制、金融体系的结构性缺陷等外在制约。

第二,探讨了金融体系与"两型"产业集群发展的互动机理,重点阐述二者互动的内涵、结构、动力机制、模式及阶段特征,进而分析金融体系对"两型"产业集群发展的引导和促进。金融支持与"两型"产业集群发展之间构成了一个多层级、多阶段的共同演化型互动模式,是从微观、中观到宏观三个层级相互影响、相互适应的共同演化互动过程,互动层级与阶段的跃迁与融合,既与该共演型互动模式内生的知识增长扩散、学习机制等动力机制能否发挥应有的作用密切相关,更依赖于政府等外部力量的有效引导。金融发展对"两型"产业集群的引导与促进主要体现在:一是金融体系通过金融资源配置,引导产业集群"两型"化;二是金融创新有助于促进"两型"产业集群发展升级,提升"两型"产业集群产业链价值。

第三,立足于"两型"产业集群发展的具体金融需求,构建"两型"产业集群发展的金融支持体系:一是构建完善的金融市场支持体系,包括搭建技术平台、银企对接平台、综合性服务平台等完善的金融支持平台以及实现多元化的金融渠道支持;二是构建完善的金融机构体系,多层次的产业集群区域内金融机构体系是关键;三是推进配套的金融服务模式与产品体系的形成,既要结合集群内企业特点的金融服务模式,也要有完美对接的产品支持体系,如绿色金融体系。

第四,以长株潭"两型"社会建设综合配套改革区为例,考虑"两型"

标准和产业集群发展双方面因素，构建了"两型"产业集群发展的指标体系，对长株潭"两型"产业集群发展现状进行测度，实证检验该地区金融支持对"两型"产业集群发展的实际贡献，并对正规金融与非正规金融的贡献分别进行区分测度。实证结论显示，长株潭地区金融发展水平对产业集群发展具有积极影响，但对于产业集群的促进和支持作用还未得到很好的发挥。同时，正规金融对长株潭地区产业集群发展具有长期稳定的促进作用，而非正规金融对产业集群存在一定程度的阻碍；从长期看，二者对产业集群的作用更加明显。

　　第五，对长株潭地区金融业如何有效支持"两型"产业集群的发展提出相应的政策建议，具体包括：一是完善"两型"产业集群的金融支持体系，二是促进正规金融与非正规金融的协调发展，三是加强"两型"产业集群的金融环境建设，四是针对"两型"产业集群实行差别化的金融政策。

Foreword

The extensive mode of economic growth caused sharp increase in the amount of resources consumption, the pressure on the environment is growing day by day, resource-economical and environment-friendly society becomes the definite direction for both economic and social development in the future. Thereinto, resource-economical and environment-friendly industry cluster development is the key segment whose financial support is indispensable. In the context of the construction of ecological civilization, resource-economical and environment-friendly society as well as industry development is our definite direction. Resource-economical and environment-friendly industry cluster development is not only a fundamental way to promote the rapid development of the regional economy, but also a strong support and critical path for the construction of resource-economical and environment-friendly society. As the core part of the construction of resource-economical and environment-friendly society, the development of industry cluster receives increasing attention, for which effective financial support including the provision of financial aggregates, supportive financing channels and rational design of the financial system, is essential. Therefore, financial support for the development of industry cluster is of significant theoretical and practical value.

Financial support of resource-economical and environment-friendly industry cluster is based on their financial demands as well as the interaction between them and the financial system, aimed at improving the institutional arrangements for their development. By referring to the latest researches in the domain of industrial economics, regional economics and management science, and based on the theories of industrial cluster, corporate finance and financial development, this paper uses theoretical analysis, comparative study, logical analysis, field research and empirical analysis to analyze the financial demands of resource-economical and environment-friendly industry cluster, the interaction mechanism between them and financial development as well as the role of financial support plays in the development of resource-economical and environment-friendly industry cluster, and further policy implication is also presented. The main contents are as follows:

Firstly, we extend in-depth analysis on the characteristics and levels of financial needs of industry cluster, and on the advantages and constraints of industry cluster to acquire financial supports on the basis of definition of resource-economical and environment-friendly industry cluster. The financial needs of industrial clusters take on these characteristics like homogeneity, diffusivity, stability. Those clusters with different life cycles and from different industries and even the clusters in the same industry but of different sizes, have different financial needs. The industry clusters not only own the advantages like efficient mechanism and policy preferences by government, but also face many constraints including internal factors like imperfect mechanism and diverse financial needs together with external factors like financial constraints, financial repression, structural weaknesses of the financial system, etc.

Secondly, the interaction mechanism between financial support and the development of industrial clusters is explored and further work on the promotion of financial support for the development of resource-economical and environment-friendly industry cluster is presented. There exists a multi-level and multi-stage co-evolutioninteraction mode between financial development and resource-economical and environment-friendly industry cluster, involving a co-evolution interaction process from the micro, meso and macro levels. The transition of the interaction stages depends on not only whether the dynamic mechanism within the interaction mode including knowledge growth and diffusion mechanism and learning mechanism is able to play its due role, but also is closely related to the external forces like the government as a valid boot.

The guidance and promotion of financial support is mainly rooted in that, on one hand, the financial system could guide the transformation of industry cluster to be resource-economical and environment-friendly through allocating various financial resources and promoting technological innovation, and on the other hand, financial innovation helps to promote industry clusters to develop and upgrade by means of industry chain financial services.

Thirdly, corresponding financial supportive system is constructed for the development of industry cluster based on their financial needs. The first is to build a sound financial market support system, including a docking platform for bank and enterprise as well as an integrated service platform to improve the financial support and the realization of diversified financial channel; the second is to build a sound financial system; and the third is to promote the formation of complementary financial services model and product system, which includes not only a financial service mode combined with the characteristics of enterprises in the cluster, but also a perfect butt product support systems, such as green finance.

Fourthly, the district of Changsha, Zhuzhou and Xiangtan (CZT district) is taken as an example, the status of the development of its industry cluster is measured on the basis of the combination of resource-economical and environment-friendly standard and industry cluster standard, and further extend empirical tests are extended on the contribution of financial support for the development of industry cluster in this area together with the respective parts of formal finance and non-formal finance. The results show that: the level of financial development has a positive impact on the development of industrial clusters in CZT district, and the financial interrelation ratio (FIR) has a significant impact on industrial clusters. On the whole, the promotion and support role of financial development has not been played as expected in the CZT district. Formal finance plays a positive role stably, while the role of non-formal finance is confronted with obstacles. Both the roles of formal and non-formal finance are more significant in the long term.

Fifthly, suggestions on the financial support for the development of industry cluster in CZT district are proposed. In order to promote the financial support for the development of industry clusters, the following four aspects should been taken into consideration: (1) to build financial supporting system for the clusters, (2) to promote the coordinated development between formal finance and informal finance, (3) to improve the external financial environment of industry clusters, (4) to implement differentiated financial policies for the industrial clusters.

目　录

1 绪论

1.1 研究背景及意义

1.1.1 研究背景

1. "两型"社会与生态文明建设是当前我国发展的重大战略之一

21 世纪以来，为解决社会经济发展与资源环境日益加剧的矛盾，党和国家将节约资源、保护环境确立为我国的基本国策。党中央在十六届五中全会上明确提出建设资源节约和环境友好的"两型"社会，并首次明确将建设资源节约型和环境友好型社会确定为国民经济与社会发展中长期规划的战略任务。党的十七大报告再次强调，必须坚持节约资源和保护环境的基本国策，把建设"两型"社会放在工业化、现代化发展战略的突出位置，落实到每个单位、每个家庭。国家"十二五"规划纲要也提出将建设"两型"社会作为加快转变经济发展方式的重要着力点，建设"两型"社会成为国家重要发展战略。

党的十八大报告指出，要将生态文明建设放在突出地位，融入经济建设、政治建设、文化建设、社会建设的各方面和全过程；明确要求确保到 2020 年实现资源节约型、环境友好型社会建设取得重要成效。党的十八届三中全会进一步提出要加快建立生态文明制度，推动形成人与自然和谐发展现代化建设新格局。

从现实情况看，尽管我国经济总量已经跃居世界前列，但区域经济发展不均衡的问题十分突出。党中央、国务院针对中部六省发展相对缓慢的状况，出台了《关于促进中部地区崛起的若干意见》，提出要把中部建成全国重要的粮食生产基地、能源原材料基地、现代装备制造及高技术产业基地以及综合交通运输枢纽。随着经济的发展，资源环境的约束越来越突出，中部地区作为国家重要的资源能源产出地区，资源消耗和环境污染问题更加凸显。

2007年12月，长沙、株洲、湘潭（长株潭）城市群被批准成为全国资源节约型和环境友好型社会建设综合配套改革试验区。2013年11月，习近平总书记在湖南视察时指出，希望湖南发挥作为东部沿海地区和中西部地区过渡带、长江开放经济带和沿海开放经济带结合部（一带一部）的区位优势，加快转变经济发展方式，着力提高经济整体素质和竞争力，努力走出一条结构合理、方式优化、区域协调、城乡一体的发展新路，为推动全国体制改革、促进生态文明、实现科学发展与社会和谐发挥示范和带动作用。可见，建设"两型"社会与生态文明是破解资源环境约束、推动区域可持续发展、实现美丽中国梦的必由之路。

2. "两型"产业集群的发展是"两型"社会建设的关键所在

产业集群是产业集聚发展的高级阶段，也是工业化进行到一定阶段后的必然产物，而"两型"产业的发展则是推动区域经济社会快速健康发展的核心内容。在我国经济持续高速增长的过程中，产业集群所起到的作用绝对不容小觑。从东部沿海到中西部地区、从城市到乡镇、从高新技术行业到初级制造业，都分布着各种形式的产业集群，区域经济对产业集群发展的依赖则更大。同时，我国的产业集群多为劳动密集型产业，在解决劳动力就业方面起了非常重要的作用，产业集群也成为城乡统筹发展的重要手段。近年来，国家致力于通过政府的组织引导、集群的科学规划和产业链的协同发展，促进传统产业的转型升级和新兴产业的培育发展，实行创新型产业集群试点认定，提升产业竞争力。

根据"两型"社会建设要求，湖南省于2011年发布了"两型"产业、"两型"企业、"两型"园区、"两型"县、"两型"镇、"两型"农村等6个类别的试行标准。其中，"两型"产业被列为"两型"社会建设战略中的首位，它是指以资源节约型和环境友好型为发展目标，以环保、低消耗、循环型、高科技为主要生产方式的产业，主要包括高新技术产业、先进制造业、文化创意产业、现代服务业等。2013 年 6 月，北京中关村移动互联网等 10 个产业集群被认定为第一批创新型产业集群试点①。

"两型"产业集群是符合"两型"标准的产业在空间和地理上的集聚而形成的集群，其发展更是"两型"社会建设的有力支撑和关键路径。一方面，作为衡量一个国家或地区竞争力水平的重要指标，"两型"产业集群本身的规模效应和聚合效应会对区域经济产生非常重要的影响，可有效整合集群内的资源要素，节约交易费用，降低企业成本，大大提高公共基础设施的利用效率并减少重复建设，增强外部经济效应和持续创新效应，形成有效竞争机制，提高资源利用率，推动区域经济发展，促进"两型"社会建设。另一方面，在经济全球化、信息化、网络化的背景下，产业集群不仅构成当今世界区域经济的基本空间构架和重要组织形式，而且还是一个国家或地区优化经济结构和提升区域核心竞争优势之关键。"两型"产业集群发展对整合资源要素、提升产业整体竞争力、提升地区经济地位进而促进国家经济增长、创造就业机会等方面将产生令世人瞩目的影响。

3. "两型"产业集群的发展离不开金融的大力支持

首先，金融是现代经济的核心，提升经济实力要靠金融来支撑。历史发展经验表明，金融的发展规模和活跃程度，决定着一个地方的经济实力和发展水平，金融规模扩大与经济总量提升的相关性非常显著。

其次，产业层次的提升依赖于金融支持。金融业是为其他产业服务的产业，金融机构是为其他企业服务的企业。无论是改造提升传统产业，培育壮大战略性新兴产业，还是大力发展现代工业，都需要金融提供强有力的资金支持。金融在推动产业转型升级中居于重要地位，起着"牵一发而动全身"的特殊作用。

再次，"两型"产业集群的形成与发展无法脱离金融的有效支持。一方面，资金是保证集群企业得以维持基本生产和扩大再生产的基本要素之一，

---

① 根据《创新型产业集群试点认定管理办法》（国科发火［2013］230 号）创新型产业集群是指产业链相关联企业、研发和服务机构在特定区域集聚，通过分工合作和协同创新，形成具有跨行业跨区域带动作用和国际竞争力的产业组织形态。

企业生产规模的扩张必然要求资金流通的顺畅,"两型"产业集群的发展更滋生了大规模的资金需求,金融体系可为区域内"两型"产业集聚形成产业集群提供丰富的融资渠道,从而助力产业集群的形成。另一方面,发达的金融体系有助于吸收优质资本进入产业集群,解决研发经费短缺、研发成果转化缓慢等问题[1],可以完善产业集群内部的技术网络系统,促进集群内的技术扩散。另外,金融体系通过对金融资源的整合与引导,可以有效促进"两型"企业的集聚与"两型"产业的形成,提高集群组织化程度,协助"两型"产业集群良性发展。

最后,良好的外部金融环境对"两型"产业集群的发展与升级有较大的影响,尤其是完善的区域金融结构与金融制度。区域金融状况决定区域金融资源在区域内不同产业及不同规模企业之间的配置结构,进而决定不同经济部门的金融资源配置数量,影响产业集群的形成与发展。

正是基于上述背景,作为"两型"社会建设的核心内容,"两型"产业集群的发展问题正受到日益广泛的关注,要保障"两型"产业集群稳健成长与壮大,有效的金融支持必不可少,因此,对金融如何有效支持"两型"产业集群发展的问题进行系统探讨,具有重大的理论意义和实际价值。

1.1.2 研究意义

长株潭地区是湖南省区域经济的中心,自 2007 年底长株潭城市群"两型"社会综合配套改革试验区获批以来,经过 6 年多的建设,该试验区完成了"两型"社会建设的顶层设计,初步建立了"两型"社会建设的政策法规和体制机制,形成了节约能源资源和保护生态环境的产业结构、增长方式和消费模式,打造了一个引领湖南省科学发展的强力引擎。长株潭"两型"社会建设为全国处理经济建设、人口增长、资源利用与环境保护之间关系提供了可借鉴的经验。因此,以湖南长株潭"两型"社会试验区建设为出发点,研究此背景下"两型"产业集群发展的金融支持,有助于为未来"两型"产业集群发展提供理论参考。

---

① 谷任,邝国良. 产业集群、金融发展与产业竞争力 [J]. 中国软科学, 2007 (6): 92 – 95.

目前，长株潭试验区的金融市场尚不完善，金融机构体系不够健全、融资渠道单一等问题是限制"两型"产业集群发展的重要瓶颈。鉴于此，本书试图研究以下问题：（1）区域金融结构对"两型"产业集群的影响如何？（2）金融支持对现有"两型"产业集群发展的贡献力度有多大？（3）如何有效地利用金融支持引导"两型"产业集群发展？以上理论命题的构建及相应问题的解决正是本书的理论意义所在。

本书研究的实践意义在于通过剖析长株潭"两型"社会建设中金融支持对"两型"产业集群发展的实际作用，探讨金融支持与"两型"产业集群发展的内在互动机理。研究能有效促进"两型"产业集群发展的金融支持体系以及利用金融支持促进"两型"产业集群生态化发展与升级，为长株潭"两型"社会建设改革试验区产业建设及金融发展的政策调整提供决策参考和选择依据，同时也为未来其他地区"两型"社会及产业集群的可持续发展提供有益的借鉴。

1.2　国内外研究综述

本书重点对国内外学者关于产业集群发展、金融发展与经济增长及产业集群的关系、产业集群发展的金融支持以及"两型"社会金融支持等相关研究进行了回顾和系统梳理。

1.2.1　关于产业集群的研究

1. 产业集群的形成与发展

产业集群的思想最早是由马歇尔（Marshall）于1890年提出的，他将基于外部经济的驱动而在同一区位集聚的企业集群称之为"产业区"。随后，在马歇尔思想的基础上，韦伯（Weber，1929）进而提出"聚集经济"的概念，提出地理位置上的邻近导致聚集的企业群充分享受聚集的经济效应①。其后，克鲁格曼（Krugman，1991）进一步分析指出产业集群形成的原因在于集聚的

---

① Weber Alfred. Theory of the location of industries [M]. University of Chicago Press，1929.

企业由于位于同一地理区域内而产生了密切的经济联系①。波特（Porter，1998）则在他们研究的基础上，继续对产业集群进行了更加深入的拓展研究，并将其定义为：在地理位置上高度集中，并且相互联系的企业的总和，不仅包括这些彼此联系的企业，而且包含相关的辅助性产品、技术和服务的提供者，以及相关的销售渠道和最终客户②。产业集群是实现企业自身竞争优势一个重要途径。马歇尔（Marshall，1920）分析认为产业集群有至少三方面的优势（正外部性）：更容易进入市场，供应商和劳动力的获取以及技术的相互流通③；同时，格莱泽和戈特利布（Glaeser and Gottlieb，2009）指出产业集聚还具有加速思想流动的作用④。

集群的发展是一个不断演进的过程，亨德森·弗农等（Henderson Vernon et al.，2000）从经济发展和地理的视角出发，探讨了产业集群的形成以及脱离集群的后果等问题，并对国际经济的地理特征进行了实证研究⑤。Fornahl and Menzel（2003）从企业技术异质性的研究角度解释了集群萌芽、成长、衰退及复兴的动态过程⑥。Li（2012）用集群进化三极模型分析了集群的演进过程⑦。

国内部分学者也对产业集群的形成、成长及其动力机制等内容进行了深入研究。如惠宁（2006）提出产业集群的形成是专业化分工导致边际报酬递增的空间表现形式，进而指出深化分工是产业集群成长的内在机理⑧。芦彩梅和梁嘉骅（2009）认为产业集群的演化动力是竞争合作协同，通过协同演化

---

① Krugman Paul. History and industry location: the case of the manufacturing belt [J]. American Economic Review, 1991, 81 (81): 80 – 83.

② Porter M E. Clusters and the new economics of competition [M]. Boston: Harvard Business Review, 1998, 76 (6): 77 – 90.

③ Marshall, A. Principles of economics [M]. London: Macmillan Press, 1920.

④ Edward L. Glaeser, Joshua D. Gottlieb. The wealth of cities: agglomeration economies and spatial equilibrium in the United States [J]. NBER Working Paper No. 14806 Issued in March 2009.

⑤ Henderson J. Vernon, Shalizi Zmarak, Venables Anthony J. Geography and development [J]. Journal of Economic Geography, 2001, 1 (1): 81 – 105.

⑥ Fornahl D, Menzel M P. Co-development of firm foundings and regional clusters [J]. Hannover Economic Papers, 2003, 71 (1): 1 – 33.

⑦ Li P F, Bathelt H, Wang J. Network dynamics and cluster evolution: changing trajectories of the aluminium extrusion industry in Dali, China [J]. Journal of Economic Geography, 2011, 12 (1): 127 – 155.

⑧ 惠宁. 分工深化促使产业集群成长的机理研究 [J]. 经济学家, 2006 (1): 108 – 114.

可以促进双方效率的不断提高，实现集群整体的最优资源配置，并建立了产业集群协同演化动力学模型，以中山小榄镇五金集群为例进行了研究①。刘国宜等（2013）在对各种集聚理论进行整合的基础上提出政府促导、区域创新环境、外部经济和社会网络根植是产业集群形成的四大动力来源，其中社会网络根植提供内部动力，外部经济是集群的源动力，创新环境和政府促导提供外部动力②。陆文聪等（2013）以知识密集型产业集群为研究对象，构建了基于人力资本积聚的集群发展动力机制模型，并用以揭示知识密集型产业集群发展动力的构成要素与作用机制③。沈小平等（2014）提出创新型产业集群是产业集群的高级形态，并分析了影响其形成的因素和作用机制④。

2. 产业集群的类型与经济效应

根据不同的研究角度和分类方式，产业集群可分为不同的类型。如 Hertog（1999）基于"群"的概念将产业集群分为微观层（企业群）、中观群（产业集群）和宏观群，群内企业通常通过创新链和产品链进行连接⑤。Mytelka 和 Farinelli（2000）从组织和职能的角度将产业集群分为非正式群、有组织群和创新群，并探讨了如何在传统产业中培育创新群、建立创新系统，从而使传统产业保持可持续的竞争优势⑥。国内学者吴德进（2004）分析认为产业集群是一种中间性体制组织，企业间交易的不确定性交易频率和资产专用性的不同匹配决定了产业集群组织存在的效率边界，从不同的角度看产业集群具有不同的组织内涵⑦。

关于产业集群的成长周期，学者们的划分大同小异。Tichy（1998）基于

---

① 芦彩梅，梁嘉骅. 产业集群协同演化模型及案例分析——以中山小榄镇五金集群为例 [J]. 中国软科学，2009（2）：142 – 151.

② 刘国宜，胡振华，易经章. 产业集群的动力来源研究 [J]. 湖南社会科学，2013（3）：167 – 169.

③ 陆文聪，胡雷芳，祁慧博. 知识密集型产业集群发展动力机制模型构建——基于人力资本集聚的视角 [J]. 科技进步与决策，2013，30（3），65 – 68.

④ 沈小平，李传福. 创新型产业集群形成的影响因素与作用机制 [J]. 科技管理研究，2014（14）：144 – 147.

⑤ Den Hertog P, Leyten J, Limpens I, et al. Approaches to cluster analysis and its rationale as a basis of policy [J]. University of Brighton, 1999.

⑥ Lynn Mytelka, Fulvia Farinelli. Local clusters, innovation systems and sustained competitiveness [J]. INTECH discussion paper series, 2000.

⑦ 吴德进. 产业集群的组织性质：属性与内涵 [J]. 中国工业经济，2004（7）：14 – 20.

时间维度对产业集群的成长周期进行了划分，包括诞生、成长、成熟、衰退四个阶段①；波特（Porter，1998）总结出产业集群要经历萌芽、演进、衰退三个过程，认为产业集群丧失竞争力是因为技术中断、需求变化和集群内在的僵化②。刘天卓（2006）从生态学的视角提出产业集群具有和生物种群类似的结构、行为和特征，并从制度化、社会网络和路径依赖三个方面考察了产业集群生命周期的阶段化特征③。

此外，还有学者对不同产业集群类型进行了对比，曹丽莉（2008）从内在供应链"子网络"的形态、网络组织化程度和创新能力三个方面对市场型产业集群和中卫型产业集群两种最基本的集群网络结构进行了对比，认为中卫型产业集群网络内部具有更强的不断调整、协同、创新、升级的能力④。李琳等（2013）实证发现我国国家级软件园区的地理邻近对软件集群创新影响呈 S 型阶段特征，区间地理邻近对创新影响呈边际报酬递减的正效应⑤。

产业集群对产业升级、创新和就业等方面的积极影响得到了许多实证研究的支持。Hsieh 和 Li（2009）通过对美国、日本和中国台湾省深海水产业的集群化对当地商业化的影响，以及与经济、社会、技术之间的关系，提出了一个无边界集群内部的产学研三阶段螺旋模型⑥。Long 和 Zhang（2011）认为在金融欠发达的发展中国家，产业集群的优势在于能够减轻企业的金融约束⑦。Martin 和 Ottaviano（2001）建立了经济增长与经济活动的空间集聚的自我强化模型，证明区域经济活动的空间集聚降低了创新成本，刺激了经济增长；同时还符合缪尔达尔的"循环与因果积累理论"，即市场规模较大地区的

① Tichy G. Clusters: less dispensable and more risky than ever [J]. Clusters and regional specialization, 1998: 211 – 25.

② Porter M E. Clusters and the new economics of competition [M]. Boston: Harvard Business Review, 1998, 76 (6): 77 – 90.

③ 刘天卓. 产业集群的生态属性与阶段化特征研究 [D]. 合肥: 中国科学技术大学, 2006.

④ 曹丽莉. 产业集群网络结构的比较研究 [J]. 中国工业经济, 2008 (8): 143 – 152.

⑤ 李琳, 韩宝龙, 高攀. 地理邻近对产业集群创新影响效应的实证研究 [J]. 中国软科学, 2013 (1): 167 – 175.

⑥ Pi-feng Hsieh, Yan – Ru Li. A cluster perspective of the development of the deep ocean water industry [J]. Ocean &Coastal Management, 2009, 52 (6): 287 – 293.

⑦ Chery Long, Xiaobo Zhang. Cluster-based industrialization in China: financing and performance [J]. Journal of International Economics, 2011, 84, (1): 112 – 123.

向心力作用使新企业倾向于选址在该集聚区域，市场的扩大与地区企业数量相关，而经济增长进一步推动了空间的集聚①。Ciccone 和 Hall（1993）②，Ciccone（2002）的实证研究显示，美国和欧洲的产业积聚与当地的生产力水平呈正相关③。Beaudry 和 Swann（2001）基于对英国产业集群的实证研究发现：不同行业类型的产业集群的集聚强度对集群内企业的经营绩效产生的效应存在显著差异，其中汽车、航空、计算机以及通讯设备制造业等类型的产业集群存在较强的正效应④。赵波（2011）以佛山、夹江等地的陶瓷产业集群为例，实证发现产业集聚性对集群创新绩效具有较强的正向作用⑤。

3. 产业集群低碳化

基于以上综述发现，国外学者已经从多角度研究了产业集群并形成了丰富的成果，近年来也有部分学者开始关注生态产业集群，但具体研究低碳产业集群的却很少有，基本都是关注低碳产业发展方面等内容，大多是从宏观层面来研究低碳经济，主要从政府宏观引导和技术创新等方面提出实现产业低碳发展的政策。如 Kuri（2005）分析指出低碳产业的发展有赖于对新能源的开发利用以及对低碳技术的高度重视，必须通过开发新能源，高度重视低碳技术创新来发展低碳产业⑥。Clarke（2010）则强调发展低碳经济的重点在于人才战略，如致力于从事高技术研究的工程师等⑦。

Hartman（2003）和 Dagoumas et al（2010）以英国的低碳产业为研究对

---

① Martin P, Ottaviano G I P. Growth and agglomeration [J]. International Economic Review, 2001, 42 (4): 947 –968.

② Ciccone A, Hall R E. Productivity and the density of economic activity [R]. National Bureau of Economic Research, 1993.

③ Antonio Ciccone. Agglomeration effects in Europe [J]. European Economic Review, 2002, 46 (2): 213 –227.

④ Catherine Beaudry, Peter Swann. Growth in industrial clusters: a bird's eye view of the United Kingdom [J]. SIEPR Discussion Paper No. 00 –38, 2001.

⑤ 赵波, 张惠琴, 李梨花. 西部瓷都陶瓷产业集群内企业自适应行为分析 [J]. 统计与决策, 2011 (18): 186 –188.

⑥ Kuri B., Li F. Valuing emissions from electricity towards a low carbon economy [J]. Power Engineering Society General Meeting, IEEE, 2005, (1): 53 –59.

⑦ B. Clarke. Briefing: carbon critical design [J]. Proceedings of the ICE- Engineering Sustainability, 2010, 163 (2): 57 –59.

象，前者分析了英国应如何制定宏观政策来促进低碳产业的发展①，后者提出了一个以"能源—经济—环境"为整体框架的一体化发展的 E3MG 的模型，进而构建了英国低碳经济发展的宏观发展框架②。Gomi et al（2010）以日本的低碳经济产业为研究对象，指出其发展的关键点在于提出合理的发展规划，并建立了一个城市低碳发展标准模型③。Nader（2009）基于对阿拉伯联合酋长国玛斯达尔的研究，重点分析了低碳产业发展的具体路径，认为政府的指导作用至关重要④。Shukla et al（2010）通过对印度低碳产业和低碳经济的现状分析，指出该国应积极向英国、美国等国学习和引进更为先进和成熟的低碳技术⑤。Philippe martin 等（2011）强调了政府在集群生态化过程中的作用，指出应通过建立政府与集群企业间的合作平台，有效结合产业需求研究公共政策，以最终转化为创新成果⑥。

国内学者关于"两型"产业集群和低碳产业集群的研究较少且主要为定性研究，如伍博超和朱方明（2011）通过分析长株潭城市群现阶段"两型"产业集群建设面临的问题，对推进长株潭城市群"两型"产业集群发展进行系统性战略思考⑦；王欢芳（2013）对我国产业集群低碳发展水平及升级模式进行了系统研究⑧；袁灵和王朝阳（2013）运用所建立的资源型产业集群水平评价指标体系对澳大利亚、中国、美国、韩国、南非五国 2009 年的资源

---

① Julie Hartman. Energy：U. K. report outlines policy for low-carbon economy ［R］. Civil Engineering-ASCE, 2003, 73（4）：27.

② A. S. Dagoumas, T. S. Barker. Pathways to a low-carbon economy for the UK with the macro-econometric E3MG model ［J］. Energy Policy, 2010, 38（6）：3067 – 3077.

③ Kei Gomi, Kouji Shimada, Yuzuru Matsuoka. A low-carbon scenario creation method for a local-scale economy and its application in Kyoto city ［J］. Energy Policy, 2010, 38（9）：4783 –4796.

④ Sam Nader. Paths to a low-carbon economy—The Masdar example ［J］. Energy Procedia, 2009, 1（1）：3951 – 3958.

⑤ Shukla P R, Dhar S, Fujino J. Renewable energy and low carbon economy transition in India ［J］. Journal of Renewable and Sustainable Energy, 2010, 2（3）：031005.

⑥ Philippe Martin, Thierry Mayer, Florian Mayneris. Public support to clusters：a firm level study of French "local productive systerms" ［J］ Regional Science and Urban Economics, 2011, 41（2）：108 – 123.

⑦ 伍博超，朱方明. 长株潭城市群"两型"产业集群发展战略思考 ［J］. 求索, 2011（4）：46 – 50.

⑧ 王欢芳. 我国产业集群低碳发展水平及升级模式研究 ［D］. 长沙：中南大学, 2012.

型产业集群水平发展状况进行了评估①。

关于产业集群研究的未来发展方向，国内学者暨雪吟（2013）总结了产业集群的发展特征和世界主要国家的产业集群实践②。黄晓和胡汉辉（2013）认为产业集群的新形态是创新集群，产业集群升级发展的新方向是集群转移，这将成为产业集群未来研究的重要分支③。

1.2.2　关于产业集群发展的金融支持的研究

1. 金融发展与产业集群相互促进

一方面，金融发展有效促进了产业集群的形成与发展。产业集群的根植性使得群内企业在信用上要比群外企业更具融资优势，从金融生态的角度反映了金融服务业对产业集群的形成具有至关重要的作用（Fabiani，2000）④。同时，产业集群内部企业通过频繁的沟通、协调，必定能与集群内的顾客和供应商建立良好的信任关系，从而降低了企业之间的交易费用，减轻金融负担（Ruan，Zhang，2009）⑤。

张荣刚和梁琦（2007）研究认为金融业可以通过内部催化、内外搭桥、外部修正等途径有效促使产业集群的良好发展，同时指出集群内的中小企业能够获取相对较为充分的金融支持⑥。张小蒂和王永齐（2009）基于对金融支持与产业集群发展之间关系的实证研究，发现在金融市场效率较高的地区，产业集聚的效果更加明显，并分析原因可能在于银行之间更为充分的竞争、私有经济部门获得更多的金融支持、更高的储蓄投资转化率等⑦。冉光和

---

① 袁灵，王朝阳. 资源型产业集群水平的经验数据分析 [J]. 统计与决策，2013 (5)：93 – 95.

② 暨雪吟. 国外产业集群的实践与借鉴 [J]. 宏观经济管理，2013 (9)：90 – 91.

③ 黄晓，胡汉辉. 产业集群问题最新研究评述与未来展望 [J]. 软科学，2013，27 (1)：5 – 9.

④ S Fabiani, G Pellegrini, E Romagnano, L F Signorini. Efficiency and localization：the case of italian districts the competitive advantage of industrial districts [M]. Germany：CUHK Libraries, 2000.

⑤ Jiangqing Ruan, Xiaobo Zhang. Finance and cluster-based industrial development in China [J]. Economic Development and Cultural Change, 2009, 58 (1)：143 – 164.

⑥ 张荣刚，梁琦. 产业集群内中小企业融资环境实证分析 [J]. 生产力研究，2007 (01)：135 – 136.

⑦ 张小蒂，王永齐. 融资成本、企业家形成与内生产业集聚：一般分析框架及基于中国不同区域的比较分析 [J]. 世界经济，2009 (9)：15 – 26.

（2011）认为产业集群的发展需要金融部门强力的支持，通过对西部地区的四川省、陕西省和重庆市等三省市的数据分析发现，金融中介、金融发展效率、融资结构对集群发展起着重要的促进作用①。郭岩岩、张婷（2013）实证研究了北京、苏州、重庆、武汉、长沙、西安等我国6个代表性城市的金融支持产业集群发展的具体作用，结论显示金融支持对产业集群发展产生了显著的正向作用②。

另一方面，产业集群也会反过来促进金融发展。魏守华和刘光海（2002）的研究表明集群内中小企业由于集聚于一处的特性，在间接融资方面具有减少信息不对称、减少交易成本等优势，可以得到银行的更多信贷支持③。钱志新（2005）分析指出由于地理位置上的邻近和集聚，产业集群内部的企业不仅可以共享各种公共基础设施，而且可以分享包括金融资源在内的多种资源④。刘红（2012）提出产业聚集的外部效应能优化集群所在地的金融生态，集群内企业的根植性推进了注重信用的地域根植，提供良好的金融文化；为集群内企业全方位提供金融服务能减少金融机构与企业之间的信息不对称，进一步优化金融生态，促进金融聚集⑤。李秀茹（2013）以CBD金融聚集为研究对象，实证发现CBD金融聚集与产业集群发展存在动态的共轭关系，两者之中任一方的发展变化都将通过一系列相互促进相互制衡的关系直接影响到对方，既要求对方与其协调发展，产生拉动效应，而且还从多方面驱动对方发展变化，产生推动效应⑥。同时，金融结构会随着产业结构的转变而进化，因为不断变化的产业和经济结构往往会伴随着企业制度创新、市场规模扩大及复杂化，必然扩大对复杂、完善、全面的金融服务的需求。此外，金

① 冉光和，吴昊，邵腾伟. 金融支持与产业集群发展：西部三省（市）的经验证据 [J]. 广东社会科学，2011（3）：34 –41.
② 郭岩岩，张婷. 我国金融支持与产业集群发展的相关性研究——基于6省市的面板数据分析 [J]. 价值工程，2013（7）：149 –150.
③ 魏守华，刘光海. 产业集群内中小企业间接融资特点及策略研究 [J]. 财经研究，2002（9）：53 –59.
④ 钱志新. 产业集群的理论与实践：基于中国区域经济发展的实证研究 [M]. 北京：中国财政经济出版社，2004.
⑤ 刘红. 上海金融中心建设与区域产业集聚 [J]. 新金融，2012（4）：29 –34.
⑥ 李秀茹. CBD金融集聚与产业集群共轭效应互动发展问题研究 [J]. 当代经济研究，2013（10）：63 –69.

融发展还能通过影响企业外部融资成本，对产业成长与发展产生促进作用，产业在成长过程中对外部融资的依赖程度越大，金融发展对其促进作用越大。因而，对外部融资具有很大依赖程度的产业在金融体系发达的国家成长速度很快，而不同行业的企业在银行信贷和股票融资等外源融资方式之间的选择决定了企业不同的融资结构，进而影响金融结构与发展。

2. 金融支持产业集群发展

经济增长的根本动力在于产业发展，而金融发展的落脚点也应基于产业发展，衡量金融改革与创新成功与否的主要标准正是在于是否有利于产业的升级与发展（刘世锦，1996）①。国内诸多学者为产业集群发展构建金融支持体系进行了丰富的理论探讨和实证研究。

在理论研究方面，程学童（2005）认为应从建立完善民营企业融资的政策环境、完善间接融资体系、开拓直接融资等方面着手解决集群内民营企业融资问题②；钱水土和翁磊（2009）基于对浙江民营经济的实证研究，发现较之于正规金融，该地区内的非正规金融在解决产业集群内的企业融资需求上的表现更为有效，据此提出了许多具体建议。例如，大力发展区域性股份制商业银行及其他中小金融机构，加大以个体私营企业贷款为主的短期贷款力度，坚持对外开放力度，积极引进外资，发挥政府的职能作用③。

在实证研究方面，范剑勇（2005）在新经济地理学的分析框架下，通过对中国东部与中西部之间的差异分析发现，产业集聚导致了东部制造业的高产值以及外商直接投资在该地区的集聚，这些要素集聚正是产业集聚的主要内在动力④。钱水土、江乐（2009）基于对浙江产业集聚的实证研究发现，以个体私营为主的短期贷款模式和外商直接投资有效促进了该地区的产业集聚，而高集中度的银行业以及过强的政府干预则产生了不利作用⑤。卢亚娟、

① 刘世锦. 为产业升级和发展创造有利的金融环境 [J]. 上海金融，1996（4）：31-46.
② 程学童. 集群式民营企业成长模式分析 [M]. 北京：中国经济出版社，2005.
③ 钱水土，翁磊. 社会资本、非正规金融与产业集群发展——浙江经验研究 [J]. 金融研究，2009（11）：194-206.
④ 范剑勇. 市场一体化，地区专业化与产业集聚趋势——兼谈对地区差距的影响 [J]. 中国社会科学，2005（6）：39-51.
⑤ 钱水土，江乐. 浙江区域金融结构对产业集聚的影响研究——基于面板数据的实证分析 [J]. 统计研究，2009，26（10）：62-67.

褚保金（2011）建立了一个集群企业融资机制演变的四阶段模型，并选取了相对成熟的产业集群进行过实证，指出在不同企业规模与集群环境的组合状态下，集群企业的融资模式各不相同。当规模较小而集群环境封闭时，集群企业主要依靠非正规金融融资；而当企业规模扩大且集群环境开放时，集群企业融资模式转变为正规金融①。

此外，还有学者对如何建立支持产业集群发展的金融支持体系提出了相应的建议，如关里（2009）提出建立信用担保体系为集群中小企业融资创造符合要求的融资条件是推进中小企业集群融资的重要保障②。阚景阳和张运鹏（2010）提出各级地方政府应通过强化金融体系建设、降低金融市场准入门槛以增加金融市场主体、发展多元化的金融机构、积极创新融资模式、打造产业集群融资平台等途径提升产业集群的竞争力③。周海燕（2010）以广西北部湾经济区临港产业集群为例，论证了金融支持对产业集群形成的重要意义，提出应分阶段为产业集群制定与之适应的融资模式，建立多层次的金融市场体系，加大金融创新力度④。中国人民银行课题组（2011）⑤、李思霖（2012）⑥ 通过对浙江、河南的产业集群金融支持状况的调查研究，提出应从转变观念、创新机制、组合产品、完善体系以及对集群企业提供差异化战略等方面入手，探讨了对产业集群发展提供金融支持的新路径。

1.2.3 关于"两型"社会建设的研究

1."两型"社会、"两型"产业的评价指标体系构建

在综合评价"两型"社会发展研究方面，不同学者从不同视角构建了综

---

① 卢亚娟，褚保金．区域产业集群发展的金融支持机制研究：案例分析 [J]．经济学动态，2011（4）：92 - 95.

② 关里．区域金融发展视角下促进浙江产业集群升级的探讨 [J]．商场现代化，2009（15）：134 - 135.

③ 阚景阳，张运鹏．产业集群金融支撑体系建设研究 [J]．经济与管理，2010，24（4）：77 - 81.

④ 周海燕．金融支持促进广西临港产业集群发展的思考 [J]．区域金融研究，2010（12）：55 - 58.

⑤ 中国人民银行杭州中心支行课题组．金融创新与产业集群转型升级研究———以浙江为例 [J]．浙江金融，2011（05）：9 - 16

⑥ 李思霖．河南产业集群发展与金融支持研究 [J]．合作经济与科技，2012（4）：12 - 13.

合评价指标体系。如"两型社会建设指标体系研究"课题组（2009）从体现"两型"社会建设特征出发，构造了经济、社会和制度 3 个要素、8 个方面、61 个三级指标的"两型"社会综合指标体系，并从指标标准的国际对比、前瞻性和统计推算 3 个方面说明了指标体系应用的原则①。赵静等（2010）从环境与资源保护的视角，基于 OECD 推荐使用的 PSR 模型构建了包含 13 个环境主题、53 个指标的"两型"社会建设环境指标体系，以期为环境政策制定提供信息支持，为综合评价计算模型的建立提供基础②。朱海玲和施卓宏（2011）提出"绿色 GDP"是衡量"两型"社会建设成效的有效工具，能够促使地方政府落实"两型"社会建设相关政策，并对"两型"社会建设中绿色 GDP 评价体系的建立与实施机制进行了研究③。

游达明、马北玲等（2012）从资源节约度、环境友好度、经济结构、社会和谐度和科技创新力五个方面构建了一个评价"两型"社会水平的指标体系，并对武汉城市群和长株潭城市群"两型"社会建设的成效进行了评价④。还有学者基于不同的数理方法提出了综合评价"两型"社会发展的模型，如层次分析法（瞿腾飞、胡苗苗，2009)⑤、粗糙集模糊聚类法（叶文忠等，2011)⑥、系统动力学建模（曹立军，杨中明，2012）等⑦。

基于"两型"社会建设的背景，许多学者对"两型"产业的界定、发展与测度进行了研究。蔡景庆（2009）对"两型"产业进行了界定，并根据产业的"两型"程度把产业划分为核心层、中间层、外层和外围区四个层次，

---

① "两型社会建设指标体系研究"课题组，李正辉，任英华，姚莉媛，等．"两型社会"综合指标体系研究［J］．财经理论与实践，2009（3）：114 - 117．
② 赵静，曹伊清，尹大强．"两型社会"建设环境指标体系研究［J］．中国人口、资源与环境，2010，20（3）：245 - 248．
③ 朱海玲，施卓宏．"两型社会"建设中绿色 GDP 评价体系的建立与实施机制研究［J］．湖南社会科学，2011（4）：98 - 100．
④ 游达明，马北玲，胡小清．两型社会建设水平评价指标体系研究——基于中部地区两型社会建设的实证分析［J］．科技进步与决策，2012，29（8）：107 - 111．
⑤ 瞿腾飞，胡苗苗．"两型社会"视野下城市可持续发展评价模型——基于武汉市的实证研究［J］．中南财经政法大学研究生学报，2009（6）：18 - 26．
⑥ 叶文忠，欧婵娟，李林．基于粗糙集理论的"两型社会"发展评价［J］．统计与决策，2011（11）：34 - 37．
⑦ 曹立军，杨中明．基于系统动力学的两型社会评价与预测集成模型［J］．系统工程，2012（2）：61 - 67．

提出整治和禁止外围区、限制外层区、有序发展中间层区、重点发展核心区是"两型"产业的发展路径①。陈晓红（2012，2013）应用超效率 DEA 分别对企业"两型"化、产业"两型"化发展效率进行度量，并从技术进步、产业结构、环境规制和开放程度等维度构建了产业"两型"化的影响因素分析模型②③。

2. "两型"社会建设的金融支持

在国外，自 20 世纪 90 年代提出循环经济概念以来，这一强调可持续发展的新型经济发展模式对金融业产生着深刻影响，其中以金融产品设计最为显著。根本原因在于，金融可以通过调剂资金余缺、积聚资金实现资源优化配置的功能，并渗透到各个经济领域和层面，有效引导经济的转型与发展。英国于 1988 年率先推出第一只生态基金——Merlin 生态基金。由此可见，金融支持对以循环经济为理论前提的"两型"社会建设存在巨大的潜在影响和推动作用。

随着循环经济和"两型"社会理念的提出和相关研究的深入，国内学者对金融支持"两型"社会建设与发展的关注也日益增多，在分析当前存在问题的基础上，提出了诸多改进建议。2008 年以前的相关研究均以循环经济为对象探讨金融支持方式与途径。如，有学者提出循环经济体系的形成必须要充分发挥金融的杠杆作用，加大金融的总体支持，开发新的金融产品，建立高效的现代资本市场，大力发展环境金融，并从金融机构和制度层面构建相应激励机制（王卉彤，2006）④；还可从提高金融体系资金供给能力和风险配置功能、推进金融制度建设等方面完善我国循环经济金融支持环境（张然斌

---

① 蔡景庆. 长株潭"两型产业"的路径优化 [J]. 重庆社会科学，2009（9）：55 – 58.

② 陈晓红，陈石. 企业两型化发展效率度量及影响因素研究 [J]. 中国软科学，2013，04：128 – 139.

③ 陈晓红，程鑫. 产业两型化发展效率测算及影响因素——基于省级面板数据的经验分析 [J]. 系统工程. 2013，13（6）：100 – 107.

④ 王卉彤，陈保启. 环境金融：金融创新和循环经济的双赢路径 [J]. 上海金融，2006，06：29 – 31.

等，2006）①。此外，创新的金融组织、金融评估体系、金融产品以及完善的金融产品结构对于循环经济发展与推动也至关重要（庞任平，2006）②。李杨、杨为官（2006）提出在循环经济发展的不同阶段应施行不同的金融手段③。

自 2008 年开始，国内学者将更多的关注集中于"两型"社会建设的金融支持研究。张强（2008）④ 和周晓强（2009）⑤ 都认为加强金融生态建设在发挥金融业推动"两型"社会建设中起着重要作用，前者对长株潭城市群区域金融生态环境在经济基础、资金融通体系、信用环境、法制环境和体制环境等方面的优化进行了研究；后者从实践的角度佐证了金融生态建设与区域经济增长间的必然联系，结合分析当前长株潭城市群金融生态建设存在的关键性问题及成因，针对如何切实优化区域金融生态提出了相关建议。赵勇、雷达（2010）研究认为金融发展水平的提高可以通过降低增长方式转变的门槛值来推进经济发展向集约型转变⑥。封思贤等（2011）以长三角为例，实证认为金融开放与增长方式转变之间相互促进，应坚持金融开放以促经济增长方式转变⑦。付剑（2014）以山西省为例，提出应从申请建立循环经济创业板市场、建设循环经济技术开发相关的风险投资机制、改善信贷模式等方面促进循环经济发展⑧。

部分学者以武汉城市圈为例进行了较为深入的研究。梁志朋等 （2009）

---

① 张然斌，欧阳强. 论构建有利于循环经济发展的和谐金融环境 [J]. 金融理论与实践，2006（08）：6 - 8.

② 庞任平. 建立发展循环经济的金融支持体系 [J]. 金融理论与实践，2006（08）：42 - 43.

③ 李杨，杨为官. 考虑金融因素的循环经济发展模式创新 [J]. 中国海洋大学学报（社会科学版），2006（3）：40 - 42.

④ 张强，王忠生. 长株潭城市群区域金融生态环境优化研究——基于长株潭城市群"两型社会"建设的思考 [J]. 求索，2008（7）：12 - 14.

⑤ 周晓强. 长株潭城市群"两型社会"金融生态环境问题研究 [J]. 湖南社会科学，2009（5）：12 - 14.

⑥ 赵勇，雷达. 金融发展与经济增长：生差率促进抑或资本形成 [J]. 世界经济，2010（2）：37 - 50.

⑦ 封思贤，李政军，谢静. 经济增长方式转变中的金融支持——来自长三角的实证分析 [J]. 中国软科学，2011（5）：74 - 82.

⑧ 付剑. 山西省循环经济发展的金融支持体系构建 [J]. 经济问题，2014（4）：110 - 115.

认为武汉城市圈的建设重点在于培育特色产业集群，减少行政和体制干预，并加大金融支持力度①。张雪兰（2010）分析指出当前湖北"两型"社会建设在资金需求总量及结构上均存在很大不足，而以政府为主导的做法弱化了市场在资源配置方面的基础性作用②。

还有一些学者以长株潭城市群为例进行了研究。席玲慧（2010）针对长株潭城市群在"两型"社会建设过程中获取金融支持时存在的问题，提出应从构建融资平台、创新金融工具、完善金融服务、健全金融监管等方面采取措施，加快金融改革与创新，促使金融体系升级，强化金融对"两型"社会建设的支持③。熊正德、韩丽君（2011）提出应立足于城市群金融体系发展现状，结合湖南特色和实际，构建支持长株潭城市群"两型"社会建设的政府、金融机构、资本市场三方共同参与的金融支持体系④。

尽管上述研究分别对湖南、湖北两省"两型"社会建设中的金融支持情况存在的问题进行了分析和总结，并提出了相应的建议措施，但未涉及"两型"产业集群发展的相关研究。随后，以曹亮等（2010）⑤为代表的学者开始关注金融集聚对"两型"社会建设的积极作用，借鉴新加坡的成功经验，深入分析了"两型"社会建设中的金融集聚作用及政府对策。随着"绿色金融"理念的提出，作为契合循环经济的新理念，其与"两型"社会建设与"两型"产业集群发展必定受人瞩目，包含绿色信贷、绿色证券、绿色保险、绿色基金等在内的绿色金融体系必将有助于将所需金融资源合理配置到"两型"产业集群，从而助推"两型"社会建设（凌智勇等，2010）⑥。

---

① 梁志朋，叶三薇，徐鹏廷．基于"两型社会"建设的湖北县域特色产业集群发展研究 [J]．工业技术经济，2009，28（3）：79-84.

② 张雪兰．金融支持湖北"两型社会"建设的现状省思与对策探讨 [J]．武汉金融，2010（2）：34-36.

③ 席玲慧．金融支持"两型社会"建设的政策措施研究 [J]．金融经济，2010（006）：24-26.

④ 熊正德，韩丽君．构建长株潭城市群"两型社会"的金融支持体系研究 [J]．湖南大学学报（社会科学版），2012，25（6）：155-160.

⑤ 曹亮，曾金玲，陈勇兵．CAFTA 框架下的贸易流量和结构分析——基于 GTAP 模型的实证研究 [J]．财贸经济，2010（4）：76-84.

⑥ 凌智勇，易棉阳，石华军．论绿色金融与两型社会建设 [J]．湖南工业大学学报（社会科学版），2010（2）：29-32.

3. 推动"两型"社会建设的相关研究

近年来,为推进"两型"社会建设,许多学者也提出了相关建议。温辉(2009)提出建立"两型"社会建设的财政投入稳定增长机制,包括转变财税增长模式,设立政府引导基金以建立资金支持体系,大力支持地方金融业发展,强化征收管理并提高财政税收的实际征收率,依法理财,严格对预算外资金实行收支两条线和集中支付制度等内容。操小娟、李和中(2011)对"两型"社会视域下低碳经济发展激励政策模型进行了分析,并以武汉城市圈为例进行了具体研究,认为武汉城市圈在"两型"社会建设和低碳经济发展方面实施的激励政策成效并不显著,提出应建立由城市圈政府、利益组织、公众等多元政策主体的创新模式,并在此基础上构建激励政策。陈晓红、程鑫(2013)实证分析了长株潭城市群碳排放强度对"两型"产业的影响,提出应从完善相关法律法规、制定市场化的节能减排配套政策等方面促进"两型"产业的可持续发展。

文春晖和李明贤(2011)基于我国投融资体制改革的现状,提出 PPP 模式是我国"两型"社会建设的必然选择。彭新宇(2011)对湖南省农村"两型"社会建设的路径选择及体制机制创新进行了探讨。尹向东和刘敏(2011)提出要以扩大绿色消费需求推进湖南"两型"社会纵深发展,具体要以绿色消费品市场为共同载体,从居民、政府、企业三个层面创新绿色消费需求的三大机制。刘解龙(2011)认为湖南省的"两型"社会建设已经形成较完整的体制机制体系,但仍需要增强"两型"社会建设体制机制创新的可持续性,促进体制机制或制度体系的系统化整合,按四位一体的途径与点线面体相结合的思路深度推进。阳毅(2012)提出应从投融资体制、企业制度、产学研合作机制和区域循环经济体系四个方面提升集群创新能力,促进"两型"社会建设。

1.2.4 文献述评

综合看来,国内外学者关于产业集群的形成与发展、产业集群发展的金融支持、"两型"社会建设及其金融支持等方面已有丰富的研究成果,不仅对产业集群的形成与发展的基本逻辑、规律有了清晰结论,而且对其发展过程中金融支持的作用和需求也有了初步认识,同时对"两型"社会建设也进行了颇多研究。尽管如此,但具体到"两型"产业集群及其发展过程中的金融支持研究而言,还存在研究空白,主要体现在以下两点:

第一,关于金融支持与"两型"产业集群发展的研究尚缺少一个清晰的理论框架和系统分析,二者之间的内在互动机理尚需进一步探明,同时也鲜有文献对"两型"产业集群发展中的金融支持所作贡献进行实证研究。

第二,"两型"社会对产业集群的发展有特殊的要求,但目前尚无相关文献以长株潭"两型"社会建设示范区为研究对象,探讨能够有效地支持产业集群发展的具体的金融结构和金融制度。如何利用金融功能促进符合"两型"要求的产业集群发展,需要在现有文献基础上进行新的理论探讨和实证研究,本书的研究正是基于这两方面的综合思考。

1.3 研究思路及方法

1.3.1 研究思路与框架

本书以"两型"产业集群的金融支持为研究对象,以产业集群理论、金融发展理论等为研究基础,运用理论分析与实证研究相结合的研究方法,分析"两型"产业集群对金融的需求特点,研究金融支持产业集群发展的内部机理与路径,探讨如何有效地实现金融支持对"两型"产业集群发展的推动作用。

本书的思路是:首先,多层次、多角度地分析"两型"产业集群的金融需求,总结"两型"产业集群对金融需求的特点;然后,分析金融体系与"两型"产业集群发展的互动机理;接着,研究构建金融支持"两型"产业集群发展的金融市场、金融机构、金融服务与产品体系;再以长株潭"两型"社会综合配套改革区为例,实证研究金融发展水平与"两型"产业集群发展程度的相关关系;最后,在上述理论及实证研究的基础上,提出金融支持

"两型"产业集群发展的对策建议。

本书的研究思路与技术路线如图 1 - 1 所示：

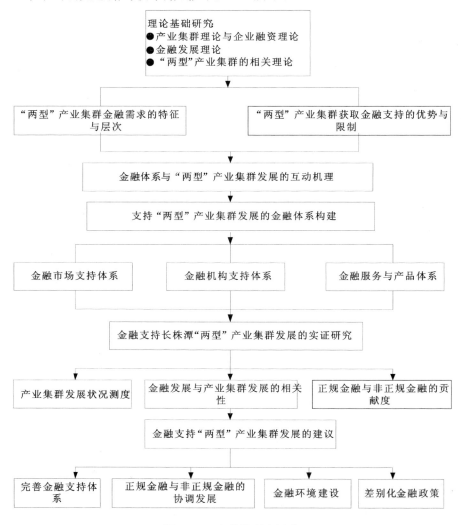

图 1 - 1　本书的研究思路

本书共分为七章，各章内容如下：

第一章，绪论。对论文的选题背景进行介绍，阐述研究金融支持"两型"产业集群发展的重要意义；对国内外研究现状进行全面的梳理和评价，分析相关研究的不足及本书研究的可行性；最后，介绍文章的研究思路、框架、方法。

第二章，是本书的理论基础，对产业集群理论、企业融资理论、金融发展理论以及"两型"产业集群发展的相关理论进行详细的阐述。

第三章，在对"两型"产业集群进行界定的基础上，对其金融需求特征、层级以及源于不同视角的金融需求进行深入分析，并且具体剖析"两型"产业集群获取金融支持的优势与限制。

第四章，探讨金融支持与"两型"产业集群发展之间的互动机理，阐述二者互动的内涵、结构、动力机制、模式及阶段特征，进而详细分析金融支持对"两型"产业集群发展的引导和促进。

第五章，根据"两型"产业集群发展的需求，从金融市场支持体系、金融机构支持体系以及配套的金融服务模式与产品体系三个方面构建"两型"产业集群发展的金融支持体系。

第六章，以长株潭"两型"社会建设综合配套改革区为例，首先根据"两型"标准结合产业集群发展的双重标准，对长株潭"两型"产业集群发展现状进行测度，进而实证检验该地区金融支持对"两型"产业集群发展的实际贡献，并分别测度正规金融与非正规金融的贡献。

第七章，提出金融支持"两型"产业集群发展的建议，具体包括完善"两型"产业集群的金融支持体系、促进正规金融与非正规金融的协调发展、加强金融环境建设和实行差别化金融政策四个方面内容。

1.3.2 研究方法

本书参考产业经济学、区域经济学、管理学等学科领域的最新成果，采用理论和实证研究相结合、定性分析与定量计算相结合、逻辑分析和现代经济学与管理学方法相结合、国际经验与中国实际相结合的分析方法展开研究。在分析"两型"产业集群发展过程中金融支持的互动机理的基础上，构建"两型"产业集群发展的金融支持体系，并以长株潭"两型"社会建设综合配套改革区为例，建立计量模型进行具体分析和检验，对该地区金融支持"两型"产业集群发展的实际贡献进行实证研究。

2　相关理论基础

"两型"产业集群的金融支持研究不仅与产业集群的类型、发展阶段、发展特征以及金融需求的总体特征紧密相关,也离不开对集群内部个体企业的发展阶段和差异化的金融需求的具体分析。因此,本书依次梳理与该主题相关的基础理论,包括产业集群形成与发展的相关理论,与"两型"产业集群内微观企业融资的相关理论,与"两型"产业集群所处外部金融发展环境有关的金融发展理论,以及低碳经济理论、循环经济理论、"两型"社会理论等与"两型"产业集群相关的理论。

2.1　产业集群相关理论

2.1.1　产业集群的形成

关于产业集群形成的理论,主要包括产业区理论、集聚因素理论和增长极理论,三种理论从不同的动因视角,对产业集群的形成进行了解释。

1. 产业区理论

马歇尔(Marshall)是首个对产业集群现象做系统性研究的经济学家,详细阐述了基于外部经济的企业在特定区位集中的现象,并把这种企业聚集的特定地区称为"产业区",也可以称为"地方化产业"[①]。他认为,外部经济主要包括:市场的不断扩张所带动的附属行业的发展创新、信息互换、技术

---

① Marshall, A. Principles of economics [M]. London:Macmillan Press, 1920.

外溢以及劳动力市场相互分享的规模效应，企业在产业区内的集聚的根本原因在于追求外部经济。马歇尔的研究虽具有开创性，但没有明确给出"产业区"的概念，并且忽视了区位和运输成本等因素的影响，同时也将处在该产业区内的企业的成长、企业的动态变化等因素排除在外。目前，国外学者对于"产业区"特征的共识主要有四点：一是企业在空间上集中，生产高度专业化；二是具有相当的文化社会背景认同感；三是形成完整产业链，业务耦合度很高；四是有公共机构或组织以协会、合作联盟等形式来维持这种集聚。

随后，克鲁格曼（Krugman，1991）在马歇尔研究成果的基础上，利用新贸易理论作为支撑，深化了产业集聚的概念，阐明了企业集聚的竞争优势，借助数学模型进行分析，结果表明导致产业集聚制造中心的形成的原因是工业集聚，工业集聚可降低运输成本，提高生产规模并且有利于区域集聚的形成。克鲁格曼的研究对马歇尔理论做了极大的补充①。在此基础上，克鲁格曼（1996）进一步建立了一个动态的多区域模型，验证了当空间结构处于动态平衡时，动态力量的分布近似于一个沿地形大概等距离分布的集聚点（城市），说明地区经济的分布结构是等距离的环形结构。这个模型假定仅仅只有分布的环形周长对运输成本造成影响，且制造业的分布总是保持动态平衡，而区域的环形分布会产生轻微紊乱的地平面，同一区域的环形分布受地平面的影响将产生轻微紊乱，自发演变成一个或多个制造业环形群。

2. 集聚因素理论

德国经济学家韦伯（Weber，1909）从企业区域选择的视角，研究了产业集群现象的决定性因素，主要包括以下四个方面：（1）专业的技术和设备以及高度整体化的功能；（2）集群内企业可以利用较低的信用来采购和销售大批量商品，交易成本随之降低；（3）专门的劳动组织促进了产业集群的发展；（4）集群内企业可通过共享基础设备来降低日常开支。同时，他还提出产业集聚应分为两个阶段：第一是低级阶段，企业通过扩大生产规模促使生产的集中；第二是高级阶段，具有更为完善的组织机构的大型企业专注于一个特定区域，导致更多数量的跟随型同类企业的集中，生产规模随之大为增加，

---

① Krugman Paul. History and industry location：the case of the manufacturing belt［J］. American Economic Review，1991，81（81）：80－83.

集聚效应带来的经济优势日益凸显。此外，他还基于传统经济地理学理论提出了垄断竞争模型，并考虑到报酬递增、自组织理论以及向心力、离心力等因素的影响，认为较低的运输成本和较高比例的产业规模有利于区域集聚的形成。

3. 增长极理论

法国经济学家佩鲁（Perroux）在1950年提出了以"增长极"为标志、以"支配关系"为基础的不平衡增长理论，他指出经济增长不是同时发生在所有地区，而通常是以不同强度出现在一些增长点，然后通过不同渠道对外扩散，逐渐向其他部门或地区传导，最终对整个经济产生影响。佩鲁认为，增长极是某些有创新能力的行业和主导部门在一定区域的聚集，形成能够对周围区域产生推动作用的"推进型单元"，这种推进型单元与周围经济环境相结合，对另外的经济单元施加不可逆或者部分不可逆的影响，即"支配效应"。只有具有极强创新能力的厂商和领头产业，才能通过与周边地区商品的流动关系与供求关系对周边的经济产生支配效应和扩散效应。当领头产业带头增长，通过不同渠道的扩散，使其关联产业和厂商收益，带动外围经济的增长，使相关产业在一定区域内集聚，产生规模经济效应和聚集经济效果，从而在经济活动中取得放大了的强化效应，佩鲁把增长极对经济的这种功能效应称为增长极效应。

如果一个区域缺少增长极，应建立增长极。为了促进增长极的形成，应致力于发展推进型企业和以推进型企业为主导的产业综合体，通过大型企业和产业综合体的技术创新活动，促进和带动区域经济迅速增长。增长极的形成可以通过市场机制自发调节，引导企业和行业在某些区域聚集发展而自动产生增长极，也可以通过政府计划和重点投资，主动建立增长极，推动整个地区的经济发展。由此可见，该理论不仅强调增长极对产业发展的推动作用，同时也强调政府对产业集群的形成和发展的重要影响。

此后，新产业学派的发展涵盖越来越多的学科并且呈现出多元化发展态势。如研究空间对产业集群发展影响为主的新产业空间学派，该学派代表人物是斯托伯，主要研究企业集群作为经济发展内生动力的理论。

2.1.2 产业集群的分类

依据不同的标准及特征，可将产业集群划分为不同的类型。经过梳理和总结，国内外学者关于产业集群分类的主要观点如表 2 - 1 所示：

表 2 - 1 不同角度的产业集群分类

学者	分类依据	产业集群分类
Schmitz（1995）①	集群创新程度	高端的创新型集群和低端的低成本型集群
Markusen（1996）②	集群的实际发展	马歇尔式（意大利）产业集群；轮轴式产业集群；卫星平台式产业集群；依赖政府型产业集群
Hertog（1999）③	集群层次	微观层（企业群）、中观和宏观群（产业集群），群内企业通常通过创新链和产品链进行连接
Porter（1998）④	企业的分工协作关系	水平型集群和垂直型集群
Mytelka，Farinelli（2000）⑤	集群的内在关系	非正式群、有组织群和创新群
王缉慈（2001）⑥	集群特征	代工型产业集群、高新技术产业集群、原生型产业集群跨国公司为核心的产业集群、以国有大中型企业为核心的产业集群
周兵等（2004）⑦	形成原因	学习型集群、品牌型集群、功能关联型集群、植根型集群、整合营销型集群

① Hubert Schmitz. Collective efficiency：growth path for small-scale industry ［J］. The Journal of Development Studies，1995，31（4）.

② Ann Markusen. Sticky places in slippery space：a typology of industrial districts ［J］. Economic Geography，1996，72（3）：293 –313.

③ Den Hertog P，Leyten J，Limpens I，et al. Approaches to cluster analysis and its rationale as a basis of policy ［J］. University of Brighton，1999.

④ Porter M E. Clusters and the new economics of competition ［M］. Boston：Harvard Business Review，1998，76（6）：77 –90.

⑤ Lynn Mytelka，Fulvia Farinelli. Local clusters，innovation systems and sustained competitiveness ［J］. INTECH discussion paper series，2000.

⑥ 王缉慈. 创新的空间：企业集群与区域发展 ［M］. 北京：北京大学出版社，2001.

⑦ 周兵，冉启秀. 产业集群形成的理论溯源 ［J］. 商业研究，2004（14）：76 –77.

2.2　企业融资理论

　　各个企业的融资决策是企业决策中的重要组成部分，产业集群也不例外。国内外学者对企业融资理论的研究已经非常成熟，其研究成果不计其数，研究方向和涉及领域也呈多样化，既包括资本结构、最佳内外源融资顺序的研究，也包括融资约束与信息对称分析，它们共同构成了集群融资的理论基础。自20世纪50年代以来，西方企业融资理论体系不断发展与完善，从最早提出的MM理论到不完全信息的资本市场理论，详见表2－2：

表2－2　主要的企业融资理论

学者	理论	主要观点
莫迪利亚尼和米勒（Modigliani and Miller）①	MM理论及有税MM理论	该理论考察了企业资本与企业市场价值的关系。在完美的资本市场中，企业价值与资本结构无关，不管企业采用何种融资方式都不会对企业市场价值产生影响。由于该理论的假设条件过于苛刻脱离了现实，因而受到众多争议，随后，莫迪利亚尼和米勒引入税收因素对该模型进行修正和深化，即有税MM理论。
罗比切克（Robichek）②、鲁宾斯坦（Rubinmstein）③等	前期和后期平衡理论	前期平衡理论认为企业的债务增加会提高企业风险和各种费用，从而增加企业的额外成本。企业的最佳融资结构应该在负债价值最大化和负债上升带来的财务危机成本以及代理成本之间选择最优点。后期平衡理论将负债融资成本从破产成本扩展到代理成本、财务困境成本和非负债税收利益损失等方面，这些成本对企业的大幅负债融资设立了刚性约束。

　　①　Modigliani F，Miller M H. The cost of capital，corporation finance and the theory of investment［J］. The American economic review，1958，48（3）：261－297.
　　②　Robichek A A，McDonald J G，Higgins R C. Some estimates of the cost of capital to electric utility industry，1954－57：Comment［J］. The American Economic Review，1967，57（5）：1278－1288.
　　③　Rubinstein M E. Corporate financial policy in segmented securities markets［J］. Journal of Financial and Quantitative Analysis，1973，8（05）：749－761.

学者	理论	主要观点
詹森和麦克林 （Jensen and Mecklin）①	代理成本理论	所有权和经营权分离情况下的资本所有者和经营者的代理关系会由于自身利益最大化的驱使而使目标会发生偏离，相比股权融资方式，负债融资是有效降低代理成本、增加企业价值的途径，但同时也会产生另一种代理成本，因此，企业合理融资结构应该位于股权融资的代理成本和债权融资的代理成本的最小化，即两种融资方式的边际代理成本相等。
梅耶斯 （Myers）②	新优序融资理论	该理论考察了信息不对称对融资成本的影响，认为企业发行股票融资时会被市场误解而导致其前景不佳。基于市场不完善的条件，企业融资方式选择应是按内部融资、负债融资、权益融资的顺序进行的。
哈里斯和雷斯夫 （Harris and Raviv）等③	控制权理论	该理论提出企业融资结构在决定企业收入流分配的同时，也决定了企业控制权的分配。哈里斯－雷斯夫模型认为控制权的争夺者和外部投资者之间存在着利益冲突，债务可以作为一种惩戒管理者的工具，提出企业最优的负债水平是权衡信息和惩戒管理者机会的价值与发生调查成本的概率的结果。

　　影响企业融资的因素有很多，包括税收、资本结构、公司治理结构、信息披露等等，经过多年发展，西方经济学家对企业融资理论分析已经形成了丰富的成果，形成了研究产业集群融资的理论基础。但出于其研究前提并不适合我国实际情况，在借鉴西方理论的基础上，我国学者对于我国企业的融资持有了不同的观点，有学者认为低风险的内源融资模式应是当前我国尚不

---

① Jensen M C, Meckling W H. Theory of the firm: managerial behavior, agency costs and ownership structure [J]. Journal of Financial Economics, 1976, 3 (4): 305－360.

② Myers S C, Majluf N S. Corporate financing and investment decisions when firms have information that investors do not have [J]. Journal of Financial Economics, 1984, 13 (2): 187－221.

③ Harris M, Raviv A. Capital structure and the informational role of debt [J]. The Journal of Finance, 1990, 45 (2): 321－349.

健全的金融体制的优先选择，也有学者提出应将外源融资中的股票融资作为重点，大力发展证券市场，分散经营者对企业的控制权。对于我国"两型"产业集群而言，集群内不同规模和处于不同地位的企业所面临可选择的融资管道以及进行的融资决策可以迥然不同，在实际分析中，可依据上述西方融资理论进行初步探讨，但具体融资决策仍需视具体情况而具体分析。

2.3　金融发展理论

金融发展理论体系经历了早期的金融发展理论、发展时期的金融发展理论和深入阶段的金融发展理论三个阶段。作为发展中国家，我国至今存在金融抑制、金融约束等问题，面临金融深化的迫切需要，因此，金融发展理论对于我国"两型"产业集群的融资与金融支持研究具有一定的参考和启示。

1. 早期的金融发展理论

雷蒙德·戈德史密斯（Raymond W. Goldsmith）在 1969 年出版的《金融结构与金融发展》一书中，开创性地提出了金融发展理论，奠定了金融发展理论的基础，该书对金融发展的过程及其规律进行了描述和分析，其内容主要包括：（1）初次提出金融发展与金融结构的概念与联系。该理论认为任何国家的金融结构都是由金融机构与金融工具组成，而金融发展的本质受金融结构变动的影响，因此，各国金融结构的差异则反映了金融发展的程度，为此还提出了判断金融发展水平的 8 个指标，其中包括金融相关率（FIR）。（2）揭示了金融发展的规律。戈德史密斯经过观测发现，虽然各个国家的金融发展现状与经济发展的速度差异很大，其金融发展具体进程也有一定的差异，但是其发展道路是相似的，金融相关程度与金融结构的相对变化也有一定的规律性。（3）解释了金融发展对经济增长的关系。戈德史密斯指出，除去通货膨胀的情况，越高的金融发展水平意味着越低的融资成本，对经济的影响力就越强，经济发展的速度也就越快，部分国家的统计表明，经济飞速增长时期正是金融快速发展时期[①]。

---

① Goldsmith R W. Financial structure and development［R］. New Haven：Yale University Press，1969.

2. 发展时期的金融发展理论

（1）金融抑制与金融深化理论

20世纪70年代，美国经济学家麦金农（R. I. Mckinnon）和肖（E. S. Shaw）针对发展中国家金融发展存在的一系列问题，分别出版了专著《经济发展中的货币与资本》和《经济发展中的金融深化》，书中充分强调金融在经济发展中的中介作用，提出用金融自由化政策促进不发达国家经济发展，提出了金融抑制与金融深化理论。麦金农和肖概括了发展中国家金融抑制的独特性，指出发展中国家的金融体系发展缓慢，且呈现"分割经济"的特点，即经济单位相互隔绝，无法获得统一的土地、劳动力、资本以及一般商品价格，也难以获得同等水平的生产技术，造成了与发达国家不同的金融制度特征。不同之处主要体现在以下几个方面：一是发展中国家的货币化程度低，主要表现在货币经济在整个经济体制中占比较小，无法充分发挥货币的作用；二是货币金融制度呈现"二元"型结构的特征，同时存在着现代货币银行系统与传统金融机构，这不仅会削弱政府的货币金融政策效果，甚至会造成背离政策目标的后果；三是金融市场不发达，且政府通过采取控制各种金融机构的利率与信贷分配等手段严格管制金融活动，使得资金流向背离效率的要求，国家银行处于垄断地位，金融业缺乏竞争和流动性，限制了金融体系吸收存款和配置资源的效率。

在此基础上，麦金农和肖共同提出了关于促进经济发展的金融抑制和金融深化政策主张，他们认为发展中国家应该解除金融压制，消除资本形成的桎梏，进行金融自由化改革。发展中国家的金融改革应该是以放松政府对金融机构的管制为前提，充分增强金融系统的灵活性，尽快实现金融的自由发展，使得市场利率处于均衡水平，提高资源配置的效率，从而促进经济的发展。该理论还认为金融发展与经济增长之间存在相互制约、相互促进的辩证关系：如果政府强制干预金融活动，可能会导致金融发展和经济增长进入相互阻碍的恶性循环，即金融抑制；而如果政府放松对金融体系的控制，就可以激活金融体系的资金配置作用，将社会闲置的资金转化为投资，通过市场机制引导资金满足供需平衡，从而促进经济的快速发展。同时，经济增长会提高国民收入以及社会对各种金融服务和投资机会需求的增长，又同向促进了金融业的发展，形成经济增长与金融发展相互促进的良性循环，这又被称为金融深化。

（2）金融约束论

从不完全信息市场的角度，赫尔曼（Hellmann）、默多克（Murdock）和斯蒂格利茨（Stiglitz）共同提出了金融约束理论，他们认为由于金融市场是不完全市场，因此政府可以通过一系列约束政策促进金融业更好发展从而推动经济的发展，即金融约束。在实际经济情况中，存在着一些影响资本配置效率的因素，比如信息不完全和信息不对称、广泛的代理行为、道德风险等，这些因素导致了市场无法自行实现帕累托最优化的配置。政府需要对这些情况进行干预，但不能完全将金融市场控制。

金融约束实际上就是政府通过制约不正当的竞争以及限制存贷款利率等方法来取代行政干涉手段，为金融部门和生产部门制造寻租机会，在"租金效应"的驱使下避免可能存在的反向选择和道德风险，起到维持金融市场的稳定和为社会谋求福利的作用。金融约束是通过控制存贷款利率作为手段来为金融部门和生产部门创造租金，其具体可行的方法如下：当政府限制存款利率上限使得其小于均衡的市场存款利率，而对贷款利率放弃管制，造成贷款利率大于均衡的市场贷款利率时，银行获取的高额存贷利息差，即相当于"租金"。银行可以通过合理的使用来使其产生租金效应，例如改善吸收存款的基础设施、提高保证金、降低信贷风险等，使之能够吸纳更多的社会资金进入到正规金融部门，那么生产部门也可以得到一个较低的贷款利率。当政府不仅限制存款利率上限，而且还同时控制贷款利率，造成贷款利率高于市场均衡利率，但低于无干预时的贷款利率时，会使得生产部门和银行都可以获得资金。金融约束同样可以通过市场准入限制来创造出银行的特许经营权价值，由此产生寻租机会，引导行业正常竞争。

3. 深入阶段的金融发展理论

20世纪90年代，借助新兴的内生增长理论，学者们将内生增长和内生金融中介（或金融市场）引入金融发展模型进行综合考量，对金融中介（或金融市场）的内生增长以及它与经济增长的关系等一系列相关问题进行了深入研究，形成了更加全面的理论。同时，由于信息经济领域的研究取得了巨大进展,学者们在模型中引入了更多实际经济生活中的因素,而不是基于完全的市场假设,在模型中加入类似于不确实性、信息不对称的监督成本的因素,对金融机构和金融市场的形成做了更加准确规范的阐述,如阿努尔·布和塔科尔模型(1997)、杜塔和卡普尔(1998)、施雷夫特和史密斯(1998)、Wright(2002)、Capasso(2003)等等。

　　21世纪以来,学者们从经济学、法学、政治学等视角研究了金融发展与演进的影响因素,如以莫顿(R. C. Merton)和博迪(Z. Bodie)为代表的学者认为,相对中介与市场在金融体系中的结构而言,金融体系提供的功能对经济增长更为重要,即"金融功能观";结合金融功能观的观点,La Porta,Lopez-de-Silanes,Shleifer and Vishny等人(LLSV研究)提出金融体系的有效性取决于法律的性质及其实施机制,为投资者提供法律保护对完善公司治理机制和促进金融市场发展均有重要影响,即"金融法律观"。

2.4　"两型"产业集群的相关理论

　　"两型"产业集群的相关理论,包括低碳经济理论、循环经济理论以及"两型"社会理论等。首先,在低碳经济理论和循环经济理论的基础上,诞生了具有中国特色的"两型"社会理论;其次,在"两型"社会的建设过程中,随着理论和实践的共同进步,逐渐产生了"两型"产业集群的相关研究。总体而言,"两型"产业集群的相关理论是建立在低碳经济和循环经济基础之上,产生于"两型"社会理论背景之下的新兴理论。

2.4.1　低碳经济理论

　　低碳经济(Low Carbon Economy)是一种基于低能耗、低污染、低排放的经济模式,最早提出是在2003年的英国能源白皮书《我们能源的未来:创建低碳经济》,自此之后,国内外学者对其实质、内涵、实现方式等方面进行了深入研究。尽管研究视角不尽相同,对低碳经济的理解也尚未形成统一的认识,但是学者们都认同了低碳经济的内涵就是通过科技的不断革新与管理制度的不断优化来对碳的排放量进行控制,力求最大限度地减少温室气体的排放，逐步缓解全球气候的不利变化，以达到经济社会发展和自然生态之间的平衡，以最小的环境代价实现整个社会的清洁和生态环境的可持续发展。

与传统的经济发展模式相比，低碳经济是一种相对先进的经济发展模式，两者的主要区别在于：（1）经济发展衡量模式不同。传统的经济发展模式下，衡量经济发展水平的唯一标准是 GDP，而低碳经济模式则加入碳排放量作为度量经济发展质量的标准，使对经济发展水平的考量更具有全面性与客观性，其中推动低碳经济发展的主要动力就是科学技术的创新。（2）经济发展的目标不同。与传统经济发展模式不同，低碳经济模式的核心是依靠科学技术提高资源的利用率，减少温室气体的排放，追求每单位碳排放获取更多的 GDP，旨在促进经济发展的同时，实现环境保护和人们生活质量的提高。

实现低碳经济发展的最终目标是切断经济增长与温室气体排放之间的关联关系，国际上通常用"脱钩"指标来检验经济增长与物质消耗不同步的实质。所谓"脱钩"是指二氧化碳的排放量与经济发展不同步增长。二氧化碳排放增长率与 GDP 增长率呈现不平行的现象，称为"经济体系产生脱钩现象"；经济增长率高于二氧化碳排放增长率，称为"相对脱钩现象"（相对的低碳经济发展）；若经济驱动力呈现稳定增长，而二氧化碳排放量反而减少，称为"绝对脱钩现象"（绝对的低碳经济发展）。"脱钩"的程度越高，表示经济增长对于能源物质消耗的依赖就越低。从全球化层面来看，如果政府政策干预不足，人均收入增长和人均排放之间的正相关关系将长期存在。从长期来看，一个国家（或地区）向低碳经济转型的过程，就是二氧化碳的排放量与 GDP 增长不断脱钩的过程，需用相应的政策措施打破这种联系。

就我国而言，发展低碳经济必须以科学发展观为指导，抓住目前国内经济体制改革的不断深化以及经济发展转型的有利时机，利用科技的进步降低对石油、天然气等高含碳量资源的依赖和使用程度，提高资源的利用效率，加快能源结构的优化，尽可能地降低单位 GDP 的碳排放、减少二氧化碳的排放、实现自然资源的循环利用。在产业结构调整的过程中，加大对技术创新的支持力度，大力推广生态农业、生态工业，支持低碳产业和低碳服务业的发展；加强低碳立法、政策建设力度，健全低碳经济管理支撑体系，探索与中国经济发展相匹配的"低碳经济"发展模式,推动我国经济走上可持续发展道路。

低碳经济要求加快减排技术的发展与产业结构的调整,探索能源技术和制度的创新,这完全符合"两型"社会建设的实现途径。一方面,"低碳经济"理论和"两型"社会建设都是针对生态问题,并提出了不同的解决方案,引发世界各国对资源和环境与人类生存和发展关系的思考,最终达成共识;另一方面,低碳经济是以低污染、低排放、低耗能和高效率、高效能为基础的经济发展模式,与"两型"社会建设要求的资源节约和环境友好不谋而合。可见,"低碳经济"是"两型"社会建设的重要内涵,对资源节约和环境友好有着重要作用。

2.4.2 循环经济理论

为了应对自然资源制约和愈加严重的环境污染问题,学者们提出了循环经济(Circular Economy)理论。与传统直线式经济模式不同,循环经济主张循环使用各种资源,以期实现经济可持续发展。早在 1966 年,Kenneth E. Boulding就提出了循环经济的思想萌芽——宇宙飞船经济理论,他指出地球就像在太空中飞行的宇宙飞船,需要不断地消耗自身资源得以生存,终将因资源耗尽而走向毁灭,因此地球应尽可能减少资源消耗并实现资源循环利用。1972 年人类环境会议在斯德哥尔摩召开,循环经济的理念被人们所关注;1992 年的联合国环境发展大会上与会各国签署的可持续发展宣言则标志着循环经济的诞生;此后,世界各国对可持续发展战略逐渐达成共识,循环经济模式才真正形成并具有影响力,如德国、日本等国开始在国家发展政策上推行探寻各自的实践经验。

循环经济的本质目标是指以资源的高效循环利用,即著名的3R(Reduce、Reuse、Recycle)原则:减量化、再利用、再循环。核心是最大效率地利用资源,减少排放,实现环境友好和可持续发展;特征是资源的阶梯化使用和物质封闭循环,并按照生态系统能量流动的方式驱动经济运行。循环经济是将环境、能源和经济发展有机结合起来的有效解决方法,也是建设"两型"社会的重要途径。这也是一种能有效促进人与自然和谐发展的能源利用和经济发展模式，主要的结构和资源流动如图 2 - 1 所示：

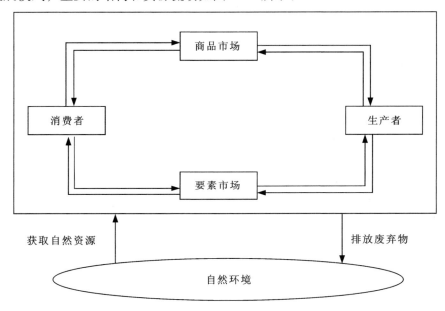

图 2 - 1   自然环境系统中的经济系统

在循环经济模式驱动下，人们投入生产资料、消耗资源，通过劳动创造产品；利用合理的收集和处理过程，可以将生产过程中排放的废弃物进行再生产或被其他部门利用，并一直循环，达到资源利用的最大化，将环境污染和能耗降至最低。

21 世纪以来，我国也开始探索符合国情的循环经济发展模式。2009 年 1 月 1 日开始施行的《中华人民共和国循环经济促进法》对循环经济的概念做了如下描述：循环经济是指在生产、流通和消费等过程中进行的减量化、再利用、资源化活动的总称。其中，"减量化"是指在生产、流通和消费等过程中减少资源消耗和废物产生。"再利用"是指将废物直接作为产品或者经修复、翻新、再制造后继续作为产品使用，或者将废物的全部或者部分作为其他产品的部件予以使用。"资源化"是指将废物直接作为原料进行利用或者对废物进行再生利用。与传统经济模式相比，循环经济在模式、价值、技术、体制、文化等方面都具有特有的内涵。详见表 2 - 3：

表 2 - 3　循环经济的主要特点

维度	具体内容
发展模式	循环经济将生态规律引入经济发展模式的结构中，是一种充分尊重生态规律的经济发展模式，在生活主体上与生态系统的"生产者、消费者、分解者"相对应，在活动机制上也与生态系统的熵的变化相似，通过人为的干预，使物质熵也出现循环变化。
物质流径	循环经济将传统经济"资源→产品→废物→排放"的非循环或单向直线式的物质流径，转变成"资源→产品→再生资源"，把利用废物的成本和效益内生于经济模型中以实现废物资源化。
技术	循环经济以工业物质循环为核心，构建反馈式、网络状的工业生态链网，通过物质代谢，实现能源和物质的减量化、再利用和再循环。其中，降低消耗、消除污染是核心。
生态效率	对循环经济的效率评价突破了劳动和资本生产率等传统的生产效率，增加了对生态效率的考虑。要求在增加经济增长和人类福利的同时，降低消耗和污染排放，把传统市场经济当中单纯利益驱动机制改变为经济效益、社会效益、生态效益三方面的整体考量利益驱动机制。
文化	循环经济以生态文化为基础，要求在生产、销售、消费、废弃以及废弃物的处理上都要充分考虑生态规律，主张最少投入、绿色销售、适量消费、少量废弃、循环利用，在整个产品生命周期过程中以不打破生态系统的运行规律为基本原则。

　　总体而言，循环经济体现了一种崭新的经济发展模式，具有不同于传统经济形态的鲜明特征，注重遵循自然生态系统物质能量循环来建立经济模式，以使经济发展建立在对自然系统的充分尊重和利用之上。该理论不仅是一种发展理念，也是一种新型的人类社会生存哲学，其重点在于循环利用生产废弃物，通过技术手段将传统意义上的生产废弃物投入再生产，提高利用率；其本质在于对自然资源循环、高效地利用和配置。

　　同时，该理论对政府、生产部门和消费者也提出了不同程度的要求。国家需要在科学技术发展、基础设施建设、产业结构调整等方面科学统筹，将经济发展、环境保护和资源利用统一考量，并且出台鼓励循环经济发展的相关政策。生产部门需要在确定生产目标和效益目标时将环境和资源成本同时兼顾，不能只为了追逐短期利益而对环境和资源造成不可逆的破坏。消费者应该逐渐改变消费理念，选择可循环、低碳低耗能的产品和服务，有意识地绿色消费。总之循环经济是以生态规律为导向，以工业循环为核心，以使用价值为基础的市场经济模式，是落实科学发展观和建设"两型"社会的必然选择。参与经济发展的三方面即政府、企业和消费者如果都执行循环经济的模式，则会在社会中形成一个良性循环，即政府政策形成指导，企业在完成经济目标的同时兼顾社会成本，而消费者在使用低耗能产品时也会在供需关系上促进企业转型，进一步使社会福利和自然资源达到更完善的配置。

2.4.3　"两型"社会理论

"两型"社会即指"资源节约型"和"环境友好型"社会。资源节约型社会是指以节约资源为基础建立整个社会经济结构，其核心理念就是资源节约，即在社会生产的各环节通过采取环保技术来提高资源利用率，减少能源消耗，协调经济发展和环境的关系。环境友好型社会强调人与自然和谐共生的状态，核心理念在于人类的生产生活需要保持与自然协调，实现可持续发展，是一种以人与自然和谐相处为目标，以环境承载能力为基础，以遵循自然规律为核心，以绿色科技为动力，坚持保护优先、有序开发的社会形态。

"两型"社会建设不仅仅意味着保护资源、节约资源，而且应坚持可持续发展和生态文明的指导思想，实现经济发展与人口资源环境相协调、发展速度和结构质量效益相统一的目标，让人民在良好生态环境中生产生活的同时，实现经济社会的可持续发展，其内涵包括以下四个方面的内容：

一是和谐性。"两型"社会是一个既强调人类发展，也强调环境的保护和利用的模式，这是一种全新的社会发展模式，是构建和谐社会的重要内容以及贯彻落实科学发展观的内在要求。实际上，资源环境问题不仅仅是人与自然生态之间的和谐问题，而且还是人与人之间的和谐问题。

二是系统复合性。"两型"社会的主要特征是涵盖了社会、经济、文化全方位变革，具有高程度的系统复合性特征。而事实上，资源环境问题不仅是自然问题，更涉及经济、社会、政治、科学技术以及文化观念等经济社会发展的多个方面，只有通过生产方式、文化传承、观念的改变才能够完全达到"两型"社会的要求。

三是广泛参与性。既然"两型"社会是一个涉及广泛的课题，那它就不仅是政府或某些组织的任务，也需要社会各组成部分广泛地参与。在这个环节中，政府需要进行正确的政策引导，企业、社会组织需要遵循和贯彻这些政策，而民众需要建立起和谐发展的意识，并把这种意识与共识付诸到日常的行为中去。

四是开放性。"两型"社会建设的基本要求并不是拒绝一切消耗资源能源、污染生态环境的生产和生活方式，而是追求建立资源节约和环境友好的科学发展体制，通过开放合作、改革创新的方式实现机制创新、产业发展、公众参与等。

2.4.4 "两型"产业集群发展模式

"两型"产业集群是一种新兴的产业集群发展模式，具有特殊的内涵，主要有如下两种发展模式：

1. 基于循环经济的发展模式

循环经济产业集群是一种重视环境状况，提高资源利用率，主要采用循环经济模式的产业集群。循环经济的动力机制主要体现在经济利益驱动、社会需求拉动、技术进步推动、政府政策支撑和社会法律体系保障等方面。Jelinski和Graedel（1992）将生态系统划分为三个类别：一是基于线性物质流生产过程的假设，单一类别的物质流动独立于其他类别物质的流动，因此，进入生态系统的所有资源最终变为流出的废物；二是物质流准循环模型，即物质流在生态系统内部的各环节之间的流动量很大，从而流入生态系统的能量与少量的资源最终产生少量的废物；三是物质循环流动模型，即能量是唯一的生态系统投入，一个环节的废弃物将变成另一个环境的资源，从而实现所有资源在生态系统内部的充分循环利用。

就目前而言，产业集群生态系统基本是第二种类型。对于循环经济与聚集效应的互动，产业的聚集通过充分发挥聚集效应，可以降低交易成本，提高创新能力，使集群内部充分利用现有资源，提高生产力和社会总福利，促进循环经济的发展。

2. 基于知识管理的发展模式

知识管理产业集群是一种以知识管理为核心的产业集群发展模式，主要集中在高新技术产业和创意文化产业。以知识管理为核心的产业集群创新优势体现在多个方面：

（1）产业集群内的企业更能以较低成本做试验，直到确保其创新成果能够迅速投入市场并占领相当份额，提高创新的成功率。

（2）现代产业集群创新优势最主要的表现是以知识管理为特征，具体表现在知识的溢出效应和企业之间的技术学习等。

（3）现代产业集群中还有方便共享公共设施，具有专业化程度高、信息流通效率高等优势。以知识管理为核心的产业集群中的企业竞争已经从过去注重单个企业发展战略转向注重产业集群战略，包括生产成本优势、产品差异化优势、区域营销优势、市场竞争优势和知识管理创新优势等。此外，由于大量集中以知识管理为核心的企业，这对于产业集群降低生产成本、产品差异化都有很大的帮助。比如各大城市中的软件产业园区和创意产业园区，大都保持着较高的生产率和较低的成本，同时其产品的差异化程度也较高，在产业集群产品多样化的同时也达到了丰富市场的效果。

从以上两种发展模式可以看出，"两型"产业集群的发展注重循环经济和知识管理对于产业发展的作用，这与"两型"社会的"资源节约型"和"环境友好型"的主旨是相符的。因此，"两型"产业集群在构建"资源节约型"与"环境友好型"社会中可以发挥重大作用，是未来"两型"社会建设的重要方面，其影响不仅在于提高 GDP 和税收，还在于促进理念更新和发展知识产业。

3 "两型"产业集群的金融需求分析

　　"两型"产业集群是以环保、低消耗、循环型、高科技为主要生产方式的产业为核心，产业链上下游企业和辅助产业、服务业在空间上的大量集聚，由集群成员、集群网络及集群外部环境等层次构成。集群的构成决定了集群内企业的金融需求具有同质性、关联性、稳定性等特点；但由于集群所处生命周期、不同行业类型等因素的影响，"两型"产业集群对金融产品和服务的需求也大相径庭，即使是同一个"两型"产业集群内的企业，由于企业规模、成长周期、发展阶段等因素的不同，也会导致它们的金融需求存在较大差异。此外，由于集群的优势和政策倾斜，"两型"产业集群在融资过程中存在诸多优势，而集群内企业金融需求趋于个性化以及企业内部制度不完善等因素会限制其获得金融支持。本章基于"两型"产业集群的特点与形成路径的分析，探讨了"两型"产业集群的金融需求的特征与层次、处于不同生命周期阶段、不同规模的"两型"产业集群的金融需求的具体内容，最后讨论了"两型"产业集群获取金融支持的优势与限制因素。

3.1 "两型"产业集群的界定与形成

3.1.1 "两型"产业集群的界定

1. "两型"产业的界定

　　自 2005 年 10 月中共十六届五中全会提出"两型"社会概念后，国内学者们对"两型"社会的内涵与本质、必要性与战略意义、建设路径以及综合评价指标体系等方面展开广泛研究，其中包含了关于"两型"社会建设中产业集群发展的相关研究，并将"两型"产业界定为符合资源节约和环境友好的"两型"社会要求，以高科技、低消耗、环保性、循环型为主要生产方式的产业。

根据湖南省长株潭"两型"社会建设改革试验区领导协调委员会办公室于2010年发布的"两型"标准（湘两型改革〔2010〕30号），"两型"产业可划分为如下三个大类，见表3－1：

表3－1 "两型"产业分类

分类	说明	具体行业
"两型"服务业	从生产过程看环境污染较低、资源耗费较少的生产经营活动所在的服务业	农林牧渔服务业、电子信息、软件业、批发零售业、金融服务业、文化娱乐等
"两型"制造业	即产品或服务能直接应用于改善环境、防治污染、节约资源和循环利用的制造业	医药、专业设备、通信设备、办公机械等制造业；废弃资源回收业等
"两型"高新技术产业	指在生产过程中采取有利于改善环境、防治污染、节约资源和循环利用等高新技术开展的生产经营活动	电子信息设备制造、可再生清洁能源、高效节能、生态环境建设与保护、新材料、新能源、现代农业等

针对产业发展与环境的友好关系及其能耗水平，蔡景庆（2009）把"两型"产业划分为核心层、中间层和外层三个层次①，如图3－1所示：

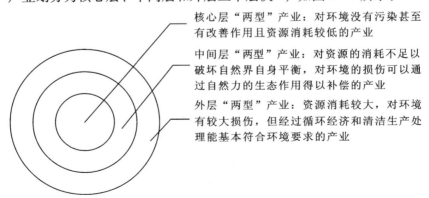

图3－1 "两型"产业的层次

---

① 蔡景庆. 长株潭"两型产业"的路径优化〔J〕. 重庆社会科学，2009（9）：55－58.

其中，核心层"两型"产业，是指对环境没有污染甚至有改善作用且资源消耗较低的产业，如生态农业、高技术精准农业、循环农业环保产业、清洁生产和循环经济产业、新能源、新材料、生命工程、金融、保险商贸流通等产业；中间层"两型"产业指对资源的消耗不足以破坏自然界自身平衡，对环境的损伤可以通过自然力的生态作用得以补偿的产业，如轻工制造、机械制造、农产品加工、有序的餐饮和旅游等产业；外层"两型"产业是指资源消耗较大，对环境有较大损伤，但经过循环经济和清洁生产处理能基本符合环境要求的产业，如清洁生产的大型冶炼、化工、采掘、造纸、水泥产业以及竹木加工等。因此，限制外层区、有序发展中间层区、重点发展核心区是"两型"社会建设的产业路径。

2. "两型"产业集群的界定

本书结合相关学者研究以及前文的理论探讨，对"两型"产业集群的内涵界定如下：第一，"两型"产业集群中的企业符合"两型"社会建设的根本宗旨，以环保性、低消耗、循环型、高科技为主要生产方式，以实现资源节约和环境友好的双重标准为目标；第二，"两型"产业集群是以上述符合"两型"社会建设要求的产业为核心、产业链上下游企业和辅助产业、服务业在空间上的大量集聚；第三，"两型"产业集群是立足于产业集群层面的集群生态化可持续发展，为实现产业集群向循环经济模式转变和集群内部企业间有完善的分工合作的良好生态体系。

（1）资源节约。"两型"社会建设中的首要标准是资源节约，即最大限度的限制资源消耗。在具体的实际建设过程中，要求对经济运行中的资源、能源需求量尽可能地减少，也就是说，在生产和消费过程中，在创造相同财富的情况下，使用尽可能少的资源以及尽可能多地使用可再生资源。从本质上来讲，"两型"社会建设提出了彻底转变现行经济增长模式的根本要求，呼吁技术改革与创新，以真正实现经济社会的全面进步。

要实现对资源节约型产业集群的充分理解，需要从以下几个方面入手：首先，资源节约的环节涵盖了生产、交换、分配和消费等社会再生产过程中的各个领域；其次，节约的对象则包括与产业集群发展相关的所有自然、环境、人力、社会关系以及时间等各类资源，强调了全面性；再次，资源节约的目标在于达到以最少量的资源消耗获取最大程度的收益，包括自然收益、经济收益和社会收益在内的全部收益；最后，资源节约型产业集群的建设必定是一个长期、系统性的过程，包含从树立资源节约的意识、鼓励资源节约的行为、开发资源节约所需要的技术等一系列具有连续性和动态性的环节。

综上所述，资源节约型产业集群体现了企业集聚和资源节约的双重含义，是指能以最少的资源消耗实现最大程度的自然、经济和社会收益，具有相互联系的企业及相关组织在地域上集中的产业空间组织。

（2）环境友好。"两型"社会建设中的第二个重要标准是环境友好，要求在环境承载能力范围之内，在遵循自然规律的基础上，以生态文明为指导理念，借助绿色科技的推动，建设和完善经济与环境协调、可持续发展的和谐社会体系。对于符合环境友好型标准的产业集群而言，一方面，要求真正落实科学发展观，走新型工业化的道路，加强对生产过程中废弃物的循环利用或再利用；另一方面，要求在当前的技术水平下，尽可能地对具有再利用价值的废弃物进行无害化处理，而技术创新是极为关键的途径。

3. 与传统产业集群的区别

与传统产业集群相比，"两型"产业集群在指导理念、基本假设、资源利用、发展模式和核心竞争力等方面都有显著区别，详见表3－2：

表3－2 "两型"产业集群与传统产业集群的区别

维度	传统产业集群	"两型"产业集群
指导目标	追求集群企业利润的增长	以可持续发展为目标，在企业获取经济利益的同时，实现经济、社会与环境的和谐发展
投入与产出	高投入、高排放，但大多时候出现的是低产出	低投入、低排放，同时在技术创新和制度创新的基础上试图创造高产出
资源利用	资源—产品—废物	基于生态产业链、产业共生网络实现"资源—产品—再生资源—再生产品"的循环，强调加强资源循环利用及能源的开发利用
竞争力来源	基于人力、物力资源创造出最佳的产品或服务价值	"绿色"竞争力，更加注重产品和服务的"两型"化与生态化特征，以及集群内企业的可持续发展

3.1.2 "两型"产业集群的形成

"两型"产业集群的形成主要有三种途径："两型"产业集群化、产业集群"两型"化以及"两型"产业集群生态化。

1. "两型"产业集群化

"两型"产业的集群化是"两型"产业集群发展的最初阶段。作为实现"两型"社会建设的核心内容，大力发展"两型"产业，调整产业结构是实现经济可持续发展的有效方式。"两型"产业在空间地理上集聚形成产业集群，即"两型"产业集群化。"两型"产业的集群化有利于产业竞争力的整体提升，实现共享信息机制，同时"两型"产业集群的规模效应和聚合效应会对区域经济产生非常重要的影响，不但能极大提升公共基础设施的使用效率，减少重复投资建设，而且由此形成的集群内企业之间有效的竞争机制，会不断促进和激励企业参与和进行技术创新与产业升级，以实现生产成本的降低和资源利用率的提高，切实促进"两型"社会建设。因此，在"两型"社会建设的初期，应大力加强和促进"两型"产业集群化发展。

在促进"两型"产业集群化发展的过程中，还要大力构建"两型"化的产业结构，具体要做到以下几点：一是加强、加快发展第三产业，提高该类产业在国民经济中所占比重，尤其是高新技术产业中的信息产业，应加快推进工业经济的信息化进程。同时还要扶持装备制造业，鼓励企业加大创新力度，引进先进技术，在提升企业核心竞争力的同时提高制造产业的集中度和规模效益；二是积极引进和推广应用高新技术和先进适用技术对传统产业进行创新改造，对易于造成资源浪费的落后技术以及设备予以淘汰，促进传统产业的尽快升级；三是政府要加大对产业集群的"两型"化发展的政策支持，以引导实现产业发展过程中能源消费结构的调整和优化，在淘汰劣质能源的同时提升优质能源使用的比重。

2. 产业集群"两型"化

产业集群"两型"化是"两型"产业集群发展的动态深化阶段，是实现可持续发展的内在根本需要，本质上需要在集群层面实现资源节约和环境友好的"两型"社会目标。具体而言，在实现产业集群"两型"化发展过程中，应从以下几点入手：

第一，以循环经济模式为指导，实现产业集群内充分的资源共享，即产业链之间的企业在集群内部对资源进行重复和循环使用，对生产中产生的废物进行有效利用，形成物质闭路循环和能量多层级的充分利用，在整个工业生态系统内部实现物质能量利用最大化以及废弃物排放的最小化。

第二，建立以循环经济链为主的产业集群内部企业间的分工和合作关系，完善集群内企业专业化分工与互补程度；此外，还应加强和完善产业集群内部配套设施体系的建设，以加强集群内企业的生态联系，并提升集群整体的竞争力水平。

第三，通过政策倾斜引导和改善产业集群"两型"化方向和结构，做到"一改造，二鼓励，三退出"。其中，"一改造"是指推广使用清洁生产技术对传统产业进行改造，尤其对于资源消耗巨大的重工业，需要借助循环再生技术提高资源的利用效率；"二鼓励"是指加大对符合节能、降耗、减污、增效等目标的"两型"产业的鼓励和支持力度，如高新技术业、先进制造业、现代服务业等；"三退出"是指针对高能耗、重污染、低效率的产业和企业，需要按照市场化的原则，通过建立和完善产业集群内部的合理退出机制，按照市场化的原则进行淘汰。

3. "两型"产业集群生态化

"两型"产业集群的生态化是"两型"产业集群与产业循环经济耦合发展的动态演化过程中实现的高级形态。"两型"产业集群的生态化发展主要体现在以下方面：

（1）产业链生态化

"两型"产业集群实现生态化发展的首要步骤是产业链的生态化。在实际运营过程中，"两型"产业集群要响应绿色理念的呼吁，按照减量化、资源化、再循环的基本原则，在生态优化的前提下，借助政府宏观政策的指引，通过科技进步和技术创新的先进手段，基于对资源和废弃物的充分有效和循环利用，快速、有效地整合和建立产业集群内部的闭环生态型产业链条，实现群内资源的充分循环利用，以及节能减排和环境保护的最终产业目标。

（2）产业集群低碳化

根据循环经济理论，"两型"产业集群的低碳化需要借助科技进步、提升自主创新能力等方式实现。具体而言，有以下途径：一是加大对循环经济和节约资源关键性技术的研发和攻关力度，纳入科技开发和产业发展规划；二是加快建设节能技术服务体系，推广应用资源节约的新技术和新材料，积极发展节能环保型设备；三是加大对资源节约和发展循环经济的重大项目建设的支持力度，如能源梯级利用、废物综合利用、重大机电产品节能降耗技术、绿色再创造技术等；四是积极建立循环经济生产信息和技术咨询服务平台，组织开展循环经济的技术研发、信息咨询和推广服务等活动；五是重视引进国外循环经济的先进技术，加快对先进技术的消化、吸收，并在此基础上大胆探索创新。

（3）集群内部的园区"两型"化

"两型"产业园区的建设是基于循环经济理论和工业生态学的原理，是以实现园区内部资源的最大化利用以及废弃物的最小化排放为目标，通过废物与投入转换、清洁生产等方式，构建一个可以充分实现资源闭路循环和梯次利用的工业生态系统。促进"两型"产业集群内部的园区"两型"化建设，不仅可以推进产业集群的"两型化"发展，同时也可实现土地集约利用，降低环境污染等目标，最终推进经济社会的可持续发展。

3.1.3 长株潭"两型"产业集群发展现状

自 2007 年底长株潭城市群被国务院批准为"全国资源节约型和环境友好型社会建设综合配套改革试验区"以来，湖南省制定出台了长株潭城市群"两型"社会综合配套改革总体方案和区域规划，以及 10 个专项改革方案、14 个专项规划、18 个示范片区规划、87 个市域规划等专项方案和规划。目前已完成了"两型"社会建设的顶层设计，初步建立了"两型"社会建设的政策法规体系，形成了节约能源和保护生态环境的产业结构、增长方式和消费模式，构建了"两型"发展的广阔平台。

在综合实力方面，经过 6 年多的建设，长株潭试验区的"融城效应"逐步凸显，综合实力稳步提升。2012 年，三市实现地区生产总值 9443.62 亿元，同比增长 12.8%，占全省经济总量的比重由 2007 年的 37.8% 上升到 2012 年的 42.6%；人均 GDP 达 68506 元，是 2007 年的 2.3 倍；共完成固定资产投资 6000.39 亿元，同比增长 27.4%；实现社会消费品零售总额 3383.75 亿元，同比增长 15.5%；金融机构人民币存款总额达 11436.04 亿元，贷款总额达 9887.87 亿元；战略性新兴产业迅速发展，长沙、株洲战略性新兴产业产值分别达 814.33 亿元、242.9 亿元，居全省第一和第三位，长株潭三市信息产业占全省比重达 52.5%。机械、食品、电子信息、文化等产业集群化发展加速，6 年新增 6 个千亿产业，总数达到 9 个。2012 年，长株潭"两型"社会试验区的 18 个示范片区实现 GDP 达 3700 亿元、固定资产投资 1850 亿元、规模工业增加值 1800 亿元、财政收入 260 亿元。五大示范区以全省 1.6% 的土地面积创下了全省 16.7% 的 GDP、14.6% 的财政收入、25% 的工业增加值。

在产业结构优化方面，经过 6 年的发展，长株潭三市产业结构由 2007 年的 9.2∶46.6∶44.2 调整为 2012 年的 5.6∶57.5∶36.9，第二产业占比增加，第一产业和第三产业占比减少（如图 3 - 2）。

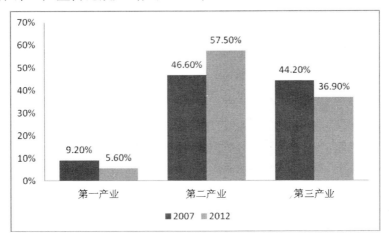

图 3 - 2　2007—2012 年长株潭三市产业结构变化

同时，高新技术产业引发新增长。2012 年长株潭高新技术产业增加值占长株潭 GDP 的比重达到 20.1%，比 2007 年提高 6.6 个百分点，其中长株潭沿江国家高新技术产业带，实现了湖南省 60% 的高新技术产品产值，是湖南省高新技术产业的核心增长极和先导示范区。"天河一号"超级计算机、高性能炭/炭复合材料、轨道交通、超级杂交稻等重大成果抢占了世界科技的制高点。2012 年，长株潭三市的战略性新兴产业增加值为 2288.21 亿元，同比增长 20.6%，高于同期 GDP 增速 9.3 个百分点。

以长沙市大河西先导区为例，在“两型”社会建设政策确定之后，“两型”社会建设之大河西先导区应运而生。先导区在成立之初就制定了“两型产业发展规划”，在产业机构上引导和支持战略性新兴产业和现代服务业发展，在产业空间布局明确梅溪湖、洋湖、滨江为现代服务业产业集聚区，高新区、宁乡经济开发区、金洲新区和望城经济开发区为高新技术和先进制造产业集聚区，莲花、金洲、宁乡经济开发区为现代农业和农产品精深加工区。在实施“两型”产业规划的基础上，先导区还严格产业项目准入条件，制定和实施先导区产业发展指导目标，严格环境准入审批，对每一个建设项目从土地规划环境测评、用地预审、环境影响评价、初步设计等四个方面严格把关，确保了污染防治设施与主题工程同步设计、同时施工、同时投入使用，从源头上控制污染，提升产业层次。

2012 年，先导区实现规模工业增加值 1449 亿元，占全市的 31%；高新技术产值 3082 亿元，约占全市的 42%。产业结构转型升级也效果明显，第二产业比重升至 63%，第三产业比重达到 30%；高新技术产业产值年均增速超过 50%；工程机械、生物医药、新能源、新材料等高附加值、技术密集型产业集群增加值达到 315 亿元，对规模工业增长的贡献率达 65%；同时，新兴产业集群也快速形成，引进新型工业企业 1500 余家，总投资近 1000 亿元，以高新区、宁乡经济开发区和望城经济开发区为主题的产业园区已聚集企业近 5000 家，注册资本过亿元的 120 家，过 10 亿元的 27 家，其中世界五百强企业 40 家，上市企业 30 余家；初步形成了先进制造、电子信息、新能源、新材料、生物医药、文化创意等 6 大新兴产业集群。

3.2 “两型”产业集群金融需求特征及层次

3.2.1 “两型”产业集群金融需求特征

产业集群的构成特征决定了其金融需求的内在特征。“两型”产业集群的构成包括三个层面，如图 3-3 所示：

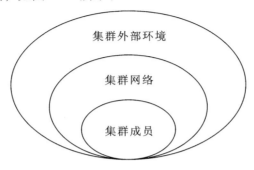

图 3-3 "两型"产业集群的构成

在"两型"产业集群的构成中，集群成员是指"两型"产业集群的微观构成者，具体包括集群内企业以及相关的机构，如政府、信息服务中介、知识型生产机构等，其中的知识型生产机构包括高等院校、科研机构、技术服务支持公司等。集群网络是"两型"产业集群的中观结构，是涵盖集群微观构成及彼此之间相互联系的综合，其中最重要的网络类型有两种：一是集群内成员企业之间的产业链条，二是政府及相关中介机构对集群内成员企业的服务链条。集群外部环境则是"两型"产业集群的宏观组成，是集群本身无法控制的、但对其发展起着很大程度的决定和影响的综合体，包含政治、经济、文化环境等因素。

"两型"产业集群的构成决定了其金融需求呈现出以下特征：

1. 金融产品需求类似性

基于产业相关性而聚集产生的"两型"产业集群，必然在金融需求上存在同质性特征，即某一时间的集群内企业，对某一类金融产品或特定金融产品的某个要素存在突出需求。导致这种同质性特征的原因主要有两个方面：

（1）行业相似性，由于"两型"产业集群内企业均属于同一产业链条的相关行业，产业周期的发展变化必然对集群内企业产生不可避免的共同影响；同时，在行业相似性之外还存在集群内企业性质和发展模式的相似性，对相同类型的金融产品如企业贷款等均存在同质性需求。

（2）地域邻近性。一般而言，"两型"产业企业的集聚是基于某一特定区域的，具有相同的区域环境。由于地理位置的接近性和行业的趋同性，"两型"产业集群所在区域内的金融机构可通过行业协会、地方政府的产业规划及相关产业信息披露等渠道以较低成本获取更多的信息,从而对集群内的企业信息和发展动态有较高的了解。

2. 较高程度的关联性

"两型"产业集群构成中的成员企业是存在于产业链上下游的企业。由于存在产业链的关联,集群内企业相互联系与依赖,集群的金融需求必然亦存在较高程度的关联性。一方面,主导行业和核心企业金融需求的增加必然会带来附属行业和企业金融需求的增加;另一方面,产业集群内企业之间相互借贷、互相担保,导致引发系统性风险的可能性大为增加。

相比而言,"两型"产业集群金融需求关联性蕴藏的风险更加值得关注,以浙江台州企业为例,在企业处于发展初期或快速扩张阶段,由于并不能提供足够的抵押品,当地银行要求企业自行搭配,互相为对方提供等额的担保,甚至一些企业为了获得当地银行的资金支持,为互不了解的企业提供担保。在经济上行时期,上述做法虽然可以实现银行与企业之间的相互扶持,加快经济发展,但是到了经济下行阶段,一旦部分企业出现资金周转不畅必然会引发更大范围的企业出现经营风险,从而致使产业发展出现多米诺骨牌效应,"两型"产业集群风险更加容易演变成区域经济系统风险。

同时,"两型"产业集群金融需求的关联性还体现在基于集群网络特征的传播性。"两型"产业集群由于地域、业务的联系具有"知识溢出"的特点,包括金融知识的溢出,即某个企业如果使用了某个金融产品并获得了相应效益后,信息可能会迅速扩散,并最终扩大"两型"产业集群对该金融产品的需求。

3. 短期内呈稳定性,长期则存在突变可能性

一般而言,企业的金融需求往往会随着产业周期的发展而变化,但对于"两型"产业集群来说,由于集群内部企业数量众多,单个或者局部成员企业的消亡对"两型"产业集群整体的影响较小。因此,无论是从结构上来说,还是从总量角度分析,"两型"产业集群的金融需求在较长的一段时期内都会保持稳定。从长期来看,"两型"产业集群的演化与发展必然遵循从形成到成长、继而成熟再到衰落的自然规律,在此演化过程中,产业集群的金融需求存在突然改变的可能性。

3.2.2 "两型"产业集群金融需求层次

参考王伟(2008)借鉴马斯洛对个人需求的划分方法,同样可将"两型"

产业集群的金融需求划分为五个层次，如图 3 - 4 所示：

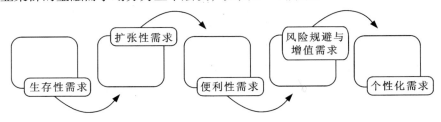

图 3 - 4 "两型"产业集群的金融需求层次

其中，生存性需求，即集群内企业在维持企业正常的生产经营运转以及业务交易的顺利发生的过程中产生的必不可少的金融需求。扩张性需求是指集群内企业出于扩大再生产的需要，为实现企业生产经营规模的扩张而产生的需求。便利性需求是指提高集群内企业之间以及与外部组织之间各类交易的发生效率而引发的金融需求。风险规避和增值需求是指"两型"产业集群出于防范和减少企业经营和交易风险的目的，同时追求集群内企业资产的有效增值而萌发的金融需求。个性化的需求是指"两型"产业集群内的各类企业出于自身的经营周期、规模、发展阶段等具体特征从而对金融机构提供量身定制式的金融产品的需求。

综合来看，"两型"产业集群的金融需求可划分为结算需求、融资需求、风险规避需求和个性化的金融服务方案四类，如图 3 - 5 所示：

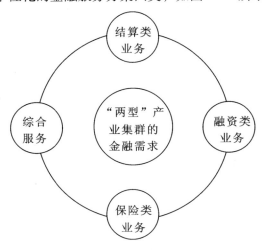

图 3 - 5 "两型"产业集群的金融需求种类

其中结算类业务包括开立活期账户、定期账户、结算账户、票据结算、信用证业务等；融资类业务是指集群内企业随着企业生产经营范围的扩大和生产规模的扩张而萌生的资金需求；保险类业务包括"两型"产业集群内企业为减少和防范企业经营风险而产生的对保险、套期保值等业务的需求；综合服务是指金融机构针对"两型"产业集群内企业的特点及个性化需求，而设计的金融服务平台方案。

3.3 "两型"产业集群的金融需求分析

3.3.1 基于生命周期的"两型"产业集群金融需求分析

基于产品生命周期的理论和研究成果，"两型"产业集群的生命周期也可以借助生态学的理论与研究方法，从进化演变的视角来进行分析。一般认为，产业集群的生命周期包含从集群形成到集群衰亡的发展全过程。在这一过程中，政策环境、市场环境、技术水平、区域环境等因素构成了产业集群发展的外部环境，并在很大程度上影响着产业集群的生存、发展及演变，其发展的外在体现是集群内企业和机构的数量与质量。与典型的产品生产周期相似，"两型"产业集群的生命周期也可分为四个阶段：

1. 初始诞生阶段

在初始期，"两型"产业集群内企业刚开始集聚，集群整体规模较小，产品竞争力较弱，但具有很大的发展潜力，对行业内和相关行业的企业具有较强的吸引力。同时，集群内企业的技术创新行为较少，大多属于简单的模仿创新，原创性的自主技术创新基本不存在；且企业之间合作较少，集群内部的创新网络尚未形成，创新协同和溢出效应难以凸显；集群内的社会网络处于建立阶段，配套基础设施和技术创新的支撑机构等均不完善。总体而言，该阶段的"两型"产业集群的主要特征是大量企业由于集聚地的区位优势集聚在一起，包括资源、市场、集聚地的基础设施和产业历史等优势，通过信息共享和分工协作，以获得竞争优势。因此，处于此阶段的"两型"产业集群的金融需求主要是基于生存需要，具有以下特点：（1）以满足生存需要为主要特征。由于在"两型"产业集群形成初期，必定受到资源禀赋的约束和限制，集群内企业期望快速做大企业规模，集群内成员都倾向于将主要目光投向吸引外资上。这一时期内，"两型"产业集群的金融需求属于基本的生存性需求，集群内企业倾向于降低金融产品和服务要求，以换取更多的金融资源数量和更长的金融服务期限，同时通常以短期融资为主。（2）非正式的贷款成为主要的资金来源。尽管"两型"产业集群区域内的企业通过集聚效应获得经济利润的增长，但囿于发展规模偏小及发展前景不确定性，导致其在资本市场融资时面临许多劣势，从而难以充分实现和满足集群内企业的融资需求。此时，以银行融资为主体的间接融资渠道就具有更加明显的优势和吸引力，但由于大多数集群内企业难以提供符合要求的抵押和担保，在获取发展所需资金时也面临诸多困难。在民营资本比较充分的地区，非正规金融渠道逐渐成为"两型"产业集群外部融资的主要来源，其中以非正式的直接债务融资为代表，即企业通过社会关系网络，如家族、朋友等社会关系来实现资金融通和自身发展。

2. 成长阶段

随着"两型"产业集群内企业数量的不断增加，竞争程度日益提高，集群整体的核心竞争力持续加强，产业集群从初始诞生阶段过渡到成长阶段。此阶段中，实力较强的企业可以迅速扩大生产规模，而实力较弱的企业倾向于选择差异化的产品和经营战略。处于此阶段的"两型"产业集群的金融需求有以下特点：（1）资金需求急剧上升。产业集群中的成员企业大多处于成长阶段，它们对金融资源需求的主要目的是用于扩大企业的再生产，实现企业经营规模的扩张，故而属于扩张性需求。（2）正规金融取代非正规金融成为主要资金来源。此阶段中，"两型"产业集群内企业的市场风险和技术风险得到一定程度的释放，但对资金的需求量较诞生阶段飞速提升，依靠社会网络等非正规金融渠道的资金支持已不能满足集群内企业的实际需要，正规金融逐渐替代非正规金融成为集群内企业的主要融资渠道，债务融资随之成为其主要的外部融资来源。同时，集群内企业对金融资源数量需求的关注程度有所下降，而更加注重获取金融资源的成本以及融资期限等。站在供给方金融机构的角度看，处于成长阶段的产业集群内部的企业逐渐建立起规范的企业制度，产业竞争优势日益凸显，发展前景令人满意，向其投放资金的风险程度降低，力度有所加强。此外，对于集群内实力较弱的中小企业而言，特殊的组织环境有利于金融机构对企业信息的掌握,可有效缓解由信息不对称导致的道德风险和金融风险,亦能受到正规金融机构的更多关注。

3. 成熟阶段

随着"两型"产业集群的不断发展,规模日益扩大并趋于稳定,具有完整的产业链以及相应配套的支持体系,集群的竞争实力显著增强,逐渐成为推动区域经济增长的主导核心力量。同时,集群内企业随着分工的明确化发展,日渐形成集竞争与合作为一体的稳定网络关系,网络之间的关联效应和彼此依赖程度明显增强,同时也增大了企业违约的机会成本,从而有效降低金融产品和服务提供商的风险和成本,最终实现了"两型"产业集群整体上的金融需求的规模效应。处于此阶段的"两型"产业集群的金融需求特征如下:(1)与成长阶段相比,此阶段的集群企业对金融资源数量上的需求更加丰富,获取金融支持的能力也更强,同时也伴随着金融产品与服务需求的多样化和多元化,对融资成本的关注继续上升,对金融需求数量的关注继续下降,并积极与金融机构合作,有希望获得银行的中长期贷款以支持企业的长远发展。(2)以成长性金融需求为主要特征。成熟阶段的"两型"产业集群中,产业链条已形成并发展成熟,针对产业链的上下游企业的金融产品与服务创新也不断涌现,产业集群发展的外部效应逐渐凸显。"两型"产业集群效用的提升,伴随着品种上、数量上均更为丰富的金融支持,集群内企业的金融需求也不再仅仅停留在较低层次的生存性和扩张性需求阶段,日渐对金融产品与服务的质量和多方位功能提出了更高的要求,即发展成为成长性金融需求。(3)资本市场逐渐成为主要的资金来源。尤其对于实力较强的核心和龙头企业而言,随着企业生产规模的进一步扩大,它们产生金融需求的主要原因在于试图通过有效融资,逐渐实现股份制改造或向现代企业集团发展。因此,资本市场上的直接融资成为它们的理想选择。

4. 衰退或转型升级阶段

经历成熟阶段后,"两型"产业集群的市场规模更加庞大,可能导致无序竞争局面的发生,如果此局面持续恶化,并且没有来自内外部的有效干预,可能导致该产业集群的最终消亡。因此,当"两型"产业集群发展至此阶段时,产业的转型升级变得尤为关键,其中政府和集群内企业扮演的角色至关重要,此过程中派生出的金融需求主要目的在于促进产业集群内企业的转型和发展，有以下特征：（1）需要更加复杂和个性化的金融支持。处于此阶段的"两型"产业集群的内生发展机制已日渐完善，开始关注和寻求更为长期的规划和战略，与此同时的金融需求也出现个性化、多元化的特征，不仅体现在对集群内生融资能力的重视，对群内企业之间的商业信用融资功能的看重，而且表现为随着集群的壮大和成熟，群内企业也随之扩张，且更加注重对宏观经济环境、行业变化等全面市场信息的收集与整理，也对金融机构的信息来源提出了更具专业性、及时性、系统性的要求。（2）增值型金融需求增大，主要体现在金融服务需求的范围扩大到涵盖理财、咨询服务等多个领域，逐渐要求金融机构在提供传统的金融产品和服务的同时，为"两型"产业集群的成员企业提供个性化定制的金融产品和服务。（3）对资本市场依赖性增大。此阶段的"两型"产业集群及群内企业处于衰退或者转型升级的关键期，未来的发展前景不确定性和风险性明显偏大，银行业金融机构出于审慎性考虑，投放信贷资金会更加谨慎；而以证券市场为主体的资本市场对产业集群的风险和不确定性具有更强的包容力，从而对"两型"产业集群在此阶段的发展起着至关重要的推动作用。

3.3.2 基于企业规模的"两型"产业集群金融需求分析

同一产业集群内必然存在不同规模的成员企业，从大型的龙头企业到中型以及小微型企业，不同规模的企业在集群内的地位、资源禀赋、服务需求等方面存在较大差异，从而产生的金融需求也不尽相同，具体比较见图3-6：

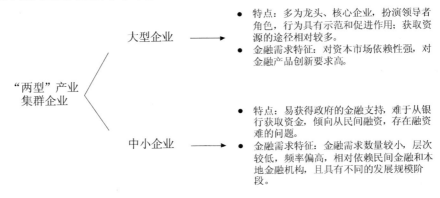

图3-6 "两型"产业集群内不同规模企业的金融需求分析

"两型"产业集群内大型企业的金融需求主要具有以下两个特征:一是对资本市场依赖较大。集群内大型企业规模大,投入大,对资金的需求量大,融资渠道相对较广,可以通过外源性的融资方式来实现。二是对金融产品创新要求高,对金融需要呈现个性化的特征。

"两型"产业集群内中小企业的金融需求特征则体现在以下三个方面:第一,金融需求数量小,层次较低,频率偏高,对当地的金融机构依赖性较强。囿于我国缺乏多层次、多样化的融资渠道,通常在产业集群的发展阶段,且对于集群内中小企业而言,原始资本积累和外部债务融资占重要地位。第二,获正规金融支持的瓶颈大,相对依赖民间金融。出于风险控制的审慎性原则,以银行为代表的金融机构通常会控制对中小企业的信贷配给,所发放的信贷资金难以满足中小企业的实际资金需求,且手续繁琐、要求严格,并不符合中小企业生产经营实际。更普遍的现象是,产业集群内大多数企业仍处于初创期,抗风险能力较弱,市场地位较低,大多难以满足传统金融机构的准入门槛,以致难从正规金融部门获取所需的金融支持。然而,以民间金融为代表的非正规金融为"两型"产业集群内中小企业提供了新鲜的资金来源,一方面,融资双方由于地缘关系相互了解,信息不对称程度较低,有效降低了交易风险;另一方面,资金供给方往往对集群内中小企业的区域竞争优势与实力掌握有更多的信息,对企业未来的发展前景持有较为充分、合理的预期,降低了投资风险,增强了中小企业的融资可获得性。第三,不同规模和发展阶段的中小企业的金融需求不同。"两型"产业集群内的众多中小企业构成了一个等腰三角形,最下层是大批新成立的企业,中间层是已基本完成资本原始积累处于从创业期向成长发展期过渡的企业,最顶层则是在规模实力、公司治理、抗风险能力、资信状况等方面均较为完善的中小企业。

如图3-7所示,这三个层级的中小企业无论是在企业规模还是在发展阶段都存在差异,导致其金融需求也存在较大差异。最下层处于创立初期的中小企业,尚未建立起有效的企业信用,面临担保不足、融资困难等困境;处于中间层成长期的中小企业,则面临规模扩张的压力和资金不足的瓶颈,需要一系列丰富的金融产品以满足其融资频率高、灵活性强、多元化程度高的要求;处于最顶层的中小企业由于具有一定的市场地位和社会信用,更加迫切需求综合性的创新金融产品和服务，以降低企业财务成本、实现企业的持续快速发展。

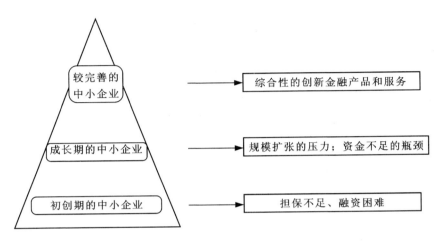

图 3-7 "两型"产业集群内不同中小企业的金融需求

总体而言，在"两型"产业集群内部，对于中小型及微型企业而言，资金不足是它们面临的主要发展瓶颈，稳定的资金供给是其金融服务需求的重点，需要中小商业银行等主体创新融资类抵押担保业务以满足这类企业的融资需求；而对于大型企业而言，尽管资金需求依旧是其转型升级过程中面临的重要问题，但以产业整合、资产管理为主要内容的金融需求则更显迫切。

3.4　"两型"产业集群获取金融支持的优势与限制

3.4.1　"两型"产业集群获取金融支持的优势

"两型"产业集群获取金融支持的优势主要体现在金融服务效率机制和政府对"两型"产业集群给予的政策倾斜两个方面。

1. 金融服务效率机制

由于产业聚集的根本特征，"两型"产业集群所需的金融支持整体呈现显著的效率机制，主要包括集群内的信息共享机制和金融服务成本降低机制。前者主要源于集群网络化特征、共生性特征、集群内部中介机构和社会资本的存在；后者则主要体现在企业经营风险降低、银行信贷成本降低以及集群内各要素互动三个方面。

（1）集群内的信息共享机制

首先，由于"两型"产业集群的网络特性，群内多方相互连接的交易能进一步加强由长期连续交易所产生的相互信任。一方面，通过集群网络使集群内企业实现非正式的软信息共享，降低外界金融机构获取企业有关信息的成本和监督成本；另一方面，集群内企业基于的共同利益和社会性的惩罚机制，可强化集群内部企业之间的合作关系。

其次，以行业协会为代表的"两型"产业集群内部中介机构在提供集群信息方面发挥了不可忽视的作用，同时也有效降低了集群融资的信息成本。对于大多数产业集群而言，行业协会是其集群特性的集中表现，存在形式包括政府组织、行业自发形成等，且以后者居多。行业协会可在"两型"产业集群内企业获取金融支持时，为银行等金融机构提供有关企业资信、行业状况、发展前景等重要信息，同时，行业协会也会主动调查本行业或本产业集群内企业的资金需求情况，并发挥良好的中介作用。

再次，日益增多的研究显示社会资本对于单个企业的存活与发展至关重要，因此，社会资本也可对"两型"产业集群的融资机制进行优化和补充。在实际经济活动中，非正规金融是产业集群资金链条中极其重要的环节，集群内部成员之间以商业信用为表现形式的相互融资大多是基于血缘关系等社会资本，一方面，隐藏于非正规金融中的社会资本可以极大地提高"两型"产业集群融资效率并减少集群内与劳动分工相联系的成本，并提供强大的资金支持；另一方面，"两型"产业集群又反过来强化了本地原有的社会资本，通过非正规金融这种形式的制度安排，社会资本与"两型"产业集群发展出现了良性的互动。

（2）金融服务成本降低机制

过高的交易成本是导致金融市场失灵的重要原因，而"两型"产业集群是基于产业链而聚集的大量相关企业，具有较低程度的信息不对称和更加完整的产业链等天然优势，从而可以有效降低金融交易成本。尤其对于以银行为代表的金融机构而言，为"两型"产业集群内企业提供金融服务可在很大的程度上降低信贷风险和削减信贷成本。

首先,对"两型"产业集群放贷有利于商业银行信贷风险的降低。第一,产业链金融模式以及基于"大数定律"的针对"两型"产业集群内大量的中小微企业贷款模式,可以有效分散和降低商业银行的实际信贷风险。第二,"两型"产业集群是由围绕符合"两型"要求的同一产业的大型龙头企业、中小企业以及配套的其他企业构成,单一产业的属性特征导致其行业发展方向具有较高程度的可预测性,增加了银行等金融机构的信息可获得程度,有助于对信贷风险系数的把握和控制。第三,"两型"产业集群内的企业之间大多处于同一产业链条上,或者属于配套企业的关系,这些紧密的彼此联系无疑增加了企业违约的潜在成本,有效提高了守信程度,同时也有利于降低逆向选择、道德风险发生的可能性。实际上,"两型"产业集群内不仅存在产业链的相互联系,更是在无形中形成了一个完备的"信誉链条",这一链条不仅包含处于上下游的集群内企业,也涵盖了金融体系内的金融机构以及政府,从而有效地促使集群内企业对自身信誉的重视与维护。

其次,对"两型"产业集群放贷有助于降低银行信贷成本。第一,银行放贷的显性成本减少,包括事前审核成本与事后监督成本,抵押品变现等坏账处理成本等。第二,由于集群内企业的相互关联性和共生性,违约破产企业被兼并的可能性增大,银行对其发放的信贷出现不良、坏账的可能性随之降低。第三,对集群内企业的信息搜寻成本降低。一方面,"两型"产业集群地域邻近的特征使得银行能够以较低的成本通过行业协会等信息渠道收集与集群内企业相关的大量信息;另一方面,行业趋同的特征决定了"两型"产业集群内企业的产业性质和发展模式的相似程度较高,有助于银行通过对同种贷款产品及贷款模式获取规模收益,同时也降低了信贷成本。

(3)集群互动机制

"两型"产业集群的金融服务效率机制还体现在集群互动机制上。"两型"产业集群的互动机制是指集群内企业彼此之间形成的并维持着互动的一种关系,包含着竞争与合作、分工与协作,并以此推动整个集群的良性发展。其中,集群内企业的合作包含横向和纵向两类。横向合作是指生产、经营相同或相似产品的企业之间的合作关系，横向合作通常可以引发相关成本的降低，同时提高企业的效率。纵向合作是指围绕产业链的上下游而形成的合作关系，包括上游供应商、下游销售商以及它们之间的企业网络，同时还包括与产业链相关的互补产品的制造商、基础设施供应商以及技术服务支持机构和行业协会等相关机构。

2. 政策倾斜

近年来，中央和地方政府相应出台了一系列致力于支持"两型"社会建设和产业发展的政策。以湖南省为例，2012 年 4 月出台的《湖南省人民政府关于支持长株潭城市群两型社会示范区改革建设的若干意见》中明确了对长株潭"两型"社会示范区的各项政策支持，具体支持内容如表 3 - 3 所示：

表 3 - 3 湖南省对"两型"社会建设的政策支持

政策维度	政策内容
产业支持	项目布局向示范区倾斜，全省重大基础设施项目和重大产业项目，优先在示范区布局；支持示范区产业结构优化升级；支持发展低碳经济，开展低碳建设改革试点；加大资金支持力度，对符合政策性资金投向的产业项目，优先申报中央预算内（国债）投资，省、市各类财政性产业发展（建设）资金优先安排；加大就业服务力度，为示范区企业和劳动者提供免费的就业服务。
财税支持	加大财政支持力度，逐步加大对示范区的投入，重点支持改革试验、规划编制、生态环境保护等；加大税收支持力度，2012—2015 年，示范区内符合国家"减按 15% 税率"及"三免三减半"税收优惠政策的企业，严格落实优惠政策；非税收入优惠，经认定的两型重点改革建设项目符合国家与省相关规定的，给予建设、农业水等非税收入优惠。
土地支持	依法依规支持示范区土地利用规划修编；保障示范区用地指标；鼓励示范区开展城镇建设用地增加与农村建设用地减少相挂钩试点；支持示范区农村土地综合整治；实行耕地保护跨区域统筹；支持示范区改革土地出让机制；支持重金属污染土地的综合治理；支持示范区开展农村集体建设用地流转；促进示范区节约集约用地。

政策维度	政策内容
投融资支持	支持示范区编制融资规划;支持示范区"两型"企业直接融资;鼓励示范区金融机构推行绿色金融决策机制;支持示范区建设金融后援基地;鼓励金融市场创新;支持示范区加快农村金融体制创新;鼓励创新项目投融资和建设模式。
人才科技支持	支持人才费用计入成本核算;支持引进海外智力和高层次人才;建立高端人才创业奖励机制;鼓励科技人员的技术成果参与转化项目投资;鼓励企业建立高水平技术研究平台。
行政支持	明确示范区法律地位,提请省人大尽快明确示范区行政与社会管理过程中的法律地位和行政职级,赋予示范区区域托管权限,将行政管理权限分期分批授予示范区;鼓励开展部省合作,建立部省合作推进机制;研究出台并完善两型标准,制定相关扶持政策。

政府对"两型"产业集群发展的政策支持可通过直接和间接两种路径实现。直接路径是指针对"两型"产业集群内企业以及产业链条的产业升级出台相应的政策法规。具体而言,是指政府根据宏观产业发展政策和规划,制定相应匹配的财政、税收、外资、进出口、政府补助等一系列政策支持细则,对不同的产业给予区别对待,从而实现对"两型"产业集群的投融资活动的直接影响。间接路径是指政府通过管理金融中介机构的方式,实现对"两型"产业集群的投融资活动的间接影响,除了继续发挥和保持国有商业银行、政策性银行对"两型"产业集群提供金融支持的主导作用外,还应充分挖掘民营商业银行、非银行金融机构、民间投资者的巨大潜力,以充分实现对"两型"产业集群金融支持的多元化和多样化。

3.4.2 "两型"产业集群获取金融支持的限制

"两型"产业集群获取金融支持除了具备上述优势外,同时还存在诸多限制,可从内部因素和外部因素两个方面进行分析:

1. 内部因素

(1)"两型"产业集群的个性化金融需求。"两型"产业集群是产业发展和集群发展的高级形态,其发展路径是产业集群"两型"化、"两型"产业集群化以及产业集群生态化。其作为新型产业和集群的内在网络特征无疑对金融支持提出了观念创新、机制创新、产品创新、集差异化和个性化于一体的服务创新等更高要求。然而，目前我国金融业仍存在较大不足，包括创新能力、监管方式、管理水平、人员素质、经营效率、经营理念、经营战略等诸多方面，普遍存在缺乏差异化和个性化的经营策略、服务方式、产品体系等，尚未满足"两型"产业集群个性化的金融服务需求。

（2）"两型"集群内企业制度不完善。目前，我国市场机制和法律机制还不够完善和成熟，大量创新型的产业集群内部企业存在产权关系不明晰、股权结构复杂、集群内部关联交易频繁、区域内保护和行政干预严重等一系列制度问题。此外，部分企业还利用自身的股权结构特殊性，通过非正常的资产重组、关联交易、产权变动等方式逃避银行债务。上述现象都归因于产业集群内部企业制度上的不完善，严重影响以银行为代表的金融机构对"两型"产业集群的信用评估和资金投放，同时也增加了潜在的金融风险。

2. 外部因素

"两型"产业集群获取金融支持受限的外部因素主要包括金融体系不够完善、金融外部环境以及亟须完善的政策支持体系三个方面。

（1）目前我国的金融体系不完善。其一，金融服务渠道狭窄。在以银行为主导的金融体系中，加之直接融资渠道受限，"两型"产业集群内企业难以从资本市场成功获取长期的资本性资金，从间接渠道获取的融资支持占据了绝对的主要地位。此外，国内风险投资基金的发展不完善也严重制约了处于初创期的产业集群和集群内企业的发展，而民间金融的发展受限和"非阳光化"也在较大程度上制约了民间资金流向"两型"产业集群。其二，银行业金融机构的信贷结构有待优化和完善。银行对"两型"产业集群的信贷支持往往存在规模结构、客户结构、业务品种结构等不合理的问题，对产业集群内大量的中小企业覆盖较少，处于初创期的集群内企业通常无法提供足额的抵、质押物，难以获取信贷支持。在具体业务方面，商业银行对"两型"产业集群的信贷支持还存在业务品种和期限结构上的不足，未根据"两型"产业集群的具体行业属性和企业特征设计合理的业务产品和期限结构，难以满足产业集群的实际金融需求。

（2）"两型"产业集群融资的外部金融环境与中介组织建设缓慢。首先，与"两型"产业集群技术创新密切相关的风险评估、风险担保、知识产权估值、信用评估等中介机构还较为缺乏。现有的大部分中介机构普遍存在规模小、实力弱等现象，且容易受到各级政府和主管部门的干预，缺乏专业性、权威性和独立性。因此，银行等金融机构很难掌握企业的经营信息，尤其是集群内的中小企业，金融机构往往因为信息不对称而放弃信贷支持；其次，金融机构往往缺乏对"两型"产业集群科技项目的风险识别和防范能力，从而在资金投向方面易于表现出消极谨慎的态度。最后，现有金融机构对产业集群的根植性、金融需求的稳定性等方面的特性认识不足，对"两型"产业集群更没有很好的了解与研究，缺乏针对"两型"产业集群的产品创新和服务跟进。

（3）政策支持体系有待继续完善。目前，我国尚未形成金融支持"两型"产业集群发展的完整的、系统的政策支撑体系。尽管中国人民银行、中国银行业监督管理委员会等机构在针对信贷增长出台的指导意见中，不断要求加大对生态环境保护、节能减排等的信贷支持力度，但一直未出台明确具体的政策支持细则，从而导致银行业金融机构参与对"两型"产业集群提供金融支持的制度基础依然薄弱。

4 基于共同演化的金融体系与"两型"产业集群发展的互动机理研究

"两型"产业集群的金融促进问题的实质是金融发展与经济增长之间的关系。在"两型"产业集群的发展过程中，金融体系以资金和服务的双重支持为集群企业的成长提供动力。一般而言，金融体系与"两型"产业集群发展会呈现出显著的共生关系，表现为共有的地区集聚与行业集聚特征。

随着学术研究的不断深入和产业集群的迅速发展，许多研究逐渐关注了金融体系与产业集群发展的互动现象，发现并论证了金融体系对"两型"产业集群发展的支撑与促进，随后部分学者从经济的外部性、经济的集聚等多个角度对金融体系与产业集群之间的互动关系进行了研究。自20世纪80年代以来，随着演化思想对主流经济学的渗入，演化经济学的分析范式不断发展，已成为主流的经济学研究范式，该理论的主观思想突出强调了不同经济系统之间以及各自系统内的主体之间相互影响和适应的共同演化过程及特征。基于此，本章在演化经济学的框架下，对金融体系与"两型"产业集群发展之间的互动机理进行研究，提出二者属于共同演化型的互动类型，在阐述其内涵的基础上，对互动的动力机制进行了深入探究，并进而分析了该共同演化型互动的特征及模式，最后重点阐述了金融体系对"两型"产业集群发展的引导与促进。

4.1 金融体系与"两型"产业集群发展
共同演化型互动的内涵

在金融体系与"两型"产业集群发展的互动过程中，金融体系与"两型"产业集群这两个系统中任一系统内的各个要素不仅会发生自身的各种变化，同时也会受到另一系统内其他要素发展变化的影响，进而发生适应性变化，与此同时，任何环境因素的变化与转换也将对两个系统内部任何要素的发展与演化产生不可避免的影响。例如，伴随着"两型"产业集群内企业规模的成长壮大、发展阶段的变迁以及产业的转型升级，微观企业的金融需求必然随之发展变化，同时也导致中观层面的产业集群金融需求的总体变化，面对这些金融需求的变化，作为金融产品和服务的提供方——金融体系必然将开发出新型的、更贴合"两型"产业集群发展实际的金融产品和服务，即发生适应性变化。最终，这些所有的变化将会通过两个系统之间的反馈机制而对彼此的发展与演化产生作用和影响，从而金融体系与"两型"产业集群两个系统之间形成了一个多层级、多阶段的共同演化式的互动过程。

关于共同演化的观点，Jouhtio（2006）从生物学的角度作出了如下定义：共同演化是两个或者多个彼此之间相互依赖的物种在持续变化的情况下，呈现出相互交织、相互适应的演化路径和轨迹[1]。Eisenhardt 和 Galunic（2000）指出，这种物种之间的相互依赖关系可以是如下三种：一是互帮互助的共生关系，二是某一物种更具优势而产生的共栖关系，三是在资源争夺上的竞争关系。从本质上来看，共同演化并不等同于系统之间的并行发展，而是存在双向或者多向的互为因果关系，不再是简单、单向的因果关系[2]。黄凯南（2007）从演化经济学角度对共同演化做出如下阐述：基于相互的正负反馈机制和相互交织的演化动力，一个互动者的适应性变化会通过改变另一个互动

---

① Jouhtio M. Coevolution of industry and its institutional environment [J]. The Institute of Strategy and International Business in Helsinki University of Technology, 2006.

② Eisenhardt K M, Galunic D C. Coevolving: at last, a way to make synergies work [J]. Harvard Business Review, 2000, 78 (1): 91–102.

者的适应而改变其演化轨迹，后者的变化又会进一步影响前者的变化。黄凯南对共同演化的特征进行了梳理和总结，即双向或多向因果关系、多层级和嵌入性、复杂系统的特征、正反馈效应等①。

根据演化经济学理论，经济系统的外部环境处于不断的变化之中，不仅包括有形的系统要素之间的关系联结，甚至可以是一个无限扩展的无形网络，并存在较大程度的模糊和不确定的特征。就金融体系与"两型"产业集群之间形成的共同演化系统而言，两个系统之间的共同演化型互动不仅限于金融机构与集群内企业之间联结而成的有限的封闭空间，而是一个随着外部环境逐渐扩展的空间网络，无疑会受到外部制度环境、文化环境以及技术环境等多方因素的影响，图4－1所示：

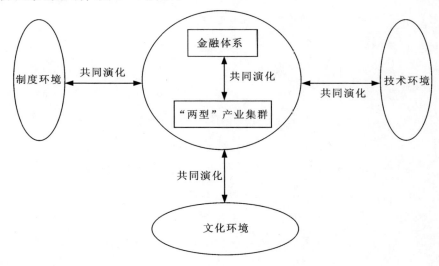

图4－1 金融体系与"两型"产业集群的共同演化系统

对于处在上述共同演化系统中的金融体系与"两型"产业集群而言，二者之间的共同演化是基于两个系统内部各要素之间的动态互动而逐渐实现的，这种动态互动不仅体现在系统内部的要素之间，也最终体现在两个系统之间的宏观互动，从而构成了一个结构形式不断调整、互动随机性不断增加的动态型互动网络。依据共同演化的复杂系统性特征，金融体系与"两型"产业

---

① 黄凯南. 企业和产业共同演化理论研究［D］. 山东：山东大学，2007.

集群属于两个具有不同特征和动力机制,但又相互影响、相互适应的复杂动态系统。图 4 - 2 展示了两个系统共同演化的基本逻辑。

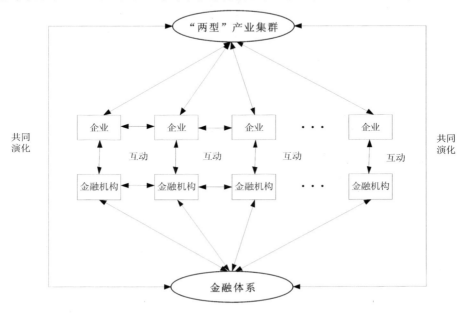

图 4 - 2 **金融体系与"两型"产业集群之间共同演化的基本逻辑**

4.2 金融体系与"两型"产业集群发展共同演化型互动机制

金融体系与"两型"产业集群发展之间共同演化型互动的实现来源于一系列动力机制。首先,不同系统之间互动的前提在于知识流动与溢出,如"两型"产业集群内企业滋生的金融需求等新知识的产生;其次,可能的知识增长与扩散的路径是两个系统之间互动的关键,系统内部产生的新知识通过同一系统内部要素之间、不同系统要素之间的学习和传播,才为最终的互动提供了可能;再次,不同系统内的各个微观要素对获取的信息或新知识在选择的基础上产生适应性变化和反馈,最终促成了金融体系与"两型"产业集群之间的共同演化型互动。因此,上述共同演化型互动的机制包括三个方面:一是知识增长与扩散,二是交易成本降低,三是适应性选择,如图 4 - 3 所示:

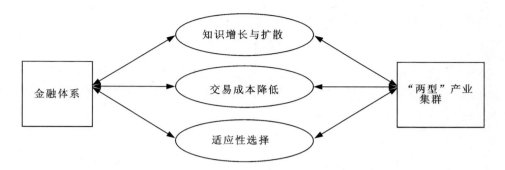

图 4 - 3　金融支持与"两型"产业集群发展互动的动力机制

4.2.1　知识增长与扩散

在金融体系与"两型"产业集群发展的共同演化型的互动过程中，知识的增长与扩散机制主要通过两个路径来实现：一方面，两个系统的微观主体在微观层级互动中不断积累知识，其中"两型"产业集群内企业随着企业成长与发展不断积累行业与市场知识，逐渐完成由行业知识、市场知识向企业家认知的知识转换过程，同时在外部环境变化的影响下，通过中观层级的互动完成将相关知识传递、扩散到金融体系。另一方面，金融体系依据集群内企业的发展及其金融需求的不断变化而大量积累金融需求的市场知识，并进行有针对性和目的性的整合，同样通过中观层级互动的方式将有效整合后的知识传递、扩散到"两型"产业集群，实现整体知识的增长与扩散。

事实上，外部环境的变化与突变都将对上述两个路径产生较大程度的影响，既存在技术创新、产业环境稳定等有利因素，同时也存在经济衰退等不利因素，前者有助于加速和推动知识的增长和扩散，而后者则会削弱两个系统共同演化与互动过程中知识的流动。

基于前文理论分析框架，借鉴 Cowan（2004）[1]、黄凯南（2007）[2] 以及陆立军等（2011）[3] 的研究，本书拟构建金融支持与"两型"产业集群发展

---

[1]　Cowan R，Jonard N，Ozman M. Knowledge dynamics in a network industry [J]. Technological Forecast & Social Change，2004，71 (5)：469 - 484.

[2]　黄凯南. 企业和产业共同演化理论研究 [D]. 山东：山东大学，2007.

[3]　陆立军，俞航东，陆瑶. 专业市场和产业集群的关联强度及其影响因素──基于浙江省绍兴市万份问卷的分析 [J]. 中国工业经济，2011（01）：151 - 160.

互动过程中知识增长与扩散的简化模型。模型构建思路如下：

（1）假定知识增长扩散过程分为两个过程：一是微观层级互动者之间的知识增长与扩散；二是中观与宏观层级互动者之间的系统性知识增长与扩散。前者即指金融体系内的金融机构与"两型"产业集群内企业之间的互动导致知识增长与扩散，后者即指由微观层级互动衍生的知识演化为系统性知识后在系统间的增长与扩散。

（2）设由金融体系与"两型"产业集群组成的互动系统中分别有 M 和 N 个异质性的微观互动主体，包括单个金融机构和单个集群内企业，$K_i(t)$ 和 $K_j(t)$ 分别是微观互动者金融机构 i 和集群内企业 j 在 t 时刻拥有的知识存量，微观互动者之间可以进行直接的互动，设随机互动概率为 p，有 $p \in [0, 1]$。微观互动者的学习过程包括创新与模仿，两个学习过程均能导致互动者知识存量的增加，设前者导致两个系统的知识存量增长系数分别为 α_i 和 α_j，后者导致两个系统的知识存量增长系数分别为 β_i 和 β_j。同时，在互动者模仿之后进行的二次创新可导致其知识存量的再增加，设此创新潜力系数分别为 ρ_i 和 ρ_j。

（3）在互动的过程中，两个系统的微观互动者均存在进入和退出的现象，即金融机构或集群内企业新入、倒闭及退出等，他们的行为决策取决于其知识存量与系统平均知识水平 $AK_i(t)$ 和 $AK_j(t)$，其中互动者制定进入决策的系数分别为 $\lambda_1 i$ 和 λ_j，制定退出决策的系数分别为 η_i 和 η_j。

在上述构建思路之上，可将经历学习过程的两个系统内微观互动者 i 和 j 在 t 时刻结束时的知识增量表示如下：

$$\Delta K_i = \Delta K_{i1} + \Delta K_{i2} + \Delta K_{i3} \tag{4-1}$$

其中：

$$\begin{cases} \Delta K_{i1} = \alpha_i K_i(t) \\ \Delta K_{i2} = \max[0, \beta_i(K_j(t) - K_i(t))] \\ \Delta K_{i3} = \max[0, K_j(t)(K_i(t)/K_j(t))^\rho (1 - (K_i(t)/K_j(t))^\rho)] \end{cases} \tag{4-2}$$

$$\begin{cases} \Delta K_{j1} = \alpha_j K_j(t) \\ \Delta K_{j2} = \max[0, \beta_j(K_i(t) - K_j(t))] \\ \Delta K_{j3} = \max[0, K_i(t)(K_j(t)/K_i(t))^\rho (1 - (K_j(t)/K_i(t))^\rho)] \end{cases} \tag{4-3}$$

以金融机构为例，ΔK_{i1}、ΔK_{i2}、和 ΔK_{i3} 分别为金融机构在时刻结束后发生的原创性创新知识、模仿互动者 k 的知识以及由模仿性知识引致创新最终引发的知识增量。就实际情况来说，创新潜力系数 ρ 一般在互动的初期较大，进入互动成熟期后逐渐减小。

由此，可推出金融机构 i 在 t 时刻结束时的知识存量为：

$$K_i(t+1) = K_i(t) + \Delta K_i = K_i(t) + \alpha_i K_i(t) + \max\left[0, \beta_i(K_j(t) - K_j(t))\right] +$$
$$\max\left[0, K_j(t)(K_i(t)/K_j(t))^\rho(1 - (K_i(t)/K_j(t))^\rho)\right] \tag{4-4}$$

其知识增长速率为：

$$R_i(t+1) = \left[K_i(t+1) - K_i(t)\right]/K_i(t) \tag{4-5}$$

加入互动过程中微观互动者的进入与退出因素后，在 T 时刻结束时，金融体系的系统性知识存量为：

$$T_i(t+1) = \sum_{i=1}^{M} K_i(t+1) + \lambda_i \max\left[0, K_i(t) - AK_i(t)\right] + \eta_i \min\left[0, K_i(t) - AK_i(t)\right] \tag{4-6}$$

因此，从 t 到 $t+1$ 时刻，金融体系的知识存量增加率为：

$$R_i(t+1) = \left[T_i(t+1) - T_i(t)\right]/T_i(t) \tag{4-7}$$

在引入金融体系与"两型"产业集群的随机互动概率 p 后，两个系统构成的整个共同演化型互动体系的知识存量不再简单为各自系统现有知识存量的直接加总，而是与系统之间随机互动概率 p 有关，随着 p 的增加而增加，反之则减少。基于此，本书对由金融体系和"两型"产业集群两个系统构成的共同演化型互动体系整体的知识存量构造如下：

$$T(t+1) = T_i(t+1) + T_j(t+1)$$

$$= e^p \times \left\{ \begin{array}{l} \displaystyle\sum_{i=1}^{M}\{K_i(t+1) + \lambda_i \max\left[0, K_i(t) - AK_i(t)\right] + \\ \eta_i \min\left[0, K_j(t) - AK_i(t)\right]\} + \displaystyle\sum_{j=1}^{N}\{K_j(t+1) + \\ \lambda_j \max\left[0, K_j(t) - AK_j(t)\right] + \eta_j \min\left[0, K_j(t) - AK_j(t)\right]\} \end{array} \right\} \tag{4-8}$$

其中，$p \in [0,1]$。

根据式4-8，由金融体系和"两型"产业集群两个系统组成的共同演化型互动体系整体的知识存量与单独系统的知识存量以及两个系统的随机互动概

率 p 均呈正相关。同时,p 的取值范围决定了整体知识存量的最小值为两个系统知识存量之和,最大值则为两个系统存量之和的 e 倍。随着随机互动概率 p 的增大,整体知识存量在两个系统各自知识存量的基础上通过互动产生出更多的知识增长。

综上,本书在 Cowan(2004)、黄凯南(2007)以及陆立军等(2011)等研究的基础上,建立了金融体系与"两型"产业集群互动中知识增长与扩散机制的简化模型,并在引入两个系统互动概率后,构思了整个共同演化型互动体系的知识存量的模型,以期对两个系统间互动概率和整个互动体系知识存量、增长与扩散有更为清晰的认识。

4.2.2 交易成本降低

金融体系与"两型"产业集群互动过程中,能通过降低交易成本实现两个体系的良好互动。首先,金融体系能通过资本要素的有效供给和聚集,缓解集群内企业资金投入不足的问题,实现集群的快速成长和升级;其次,产业集群发展能优化要素供给、完善产业配套、提高市场效率,因此,基于规模经济、范围经济及分工效益的获得来降低生产成本以实现价格竞争优势,实现集群内人才、信息的交流与知识共享,促进了金融机构和集群内企业微观主体间的学习、创新与模仿,从而降低交易成本。

其中,相互之间的学习一般发生在互动形成初期,在不确定程度较高的环境中,缺乏担任行业领导角色的企业或市场主体,从而导致金融体系与"两型"产业集群的微观互动主体只能依据自身实力作出非需求导向的、试探性的创新。创新通常发生在互动的成长发展阶段,金融机构和"两型"产业集群内企业都将创新视为重要的竞争战略,此阶段的创新有利于金融体系与"两型"产业集群的互动发展,而多层级互动机制进一步促进了创新的扩散。模仿则常发生于互动的成熟时期,普遍存在的大量模仿现象造成了系统内的创新行为的激励动机大大减弱,进而通过微观互动渠道,逐渐传导到中观层级甚至宏观层级,最终导致这一阶段创新产品的过度生产与市场饱和,从而引发新一轮的创新。

4.2.3 适应性选择

金融体系与"两型"产业集群互动过程中,双方会根据所掌握的信息进行适应性选择。如金融机构会选择信贷的企业主体,影响集群的发展;集群内企业的金融需求信息会促进金融市场主体随之提供相适应的金融服务。其选择来源于三种不同路径:(1)竞争性选择。在"两型"产业集群内部,大量生产同类产品的企业之间的竞争构成了市场竞争选择环境,而金融体系内部不同金融机构开发的类似金融产品也对新开发金融产品创造了市场竞争环境,引发市场竞争性行为。(2)社会性选择。指"两型"产业集群内的企业之间、集群内企业与金融体系内部金融机构之间以及其与外部环境之间,在各类社会性及市场交往过程中,形成的观念性力量。集群内企业观念性力量会影响集群企业获取金融服务的来源途径和服务质量,而金融机构的观念性力量则对其工作效率、主动服务、创新产品的积极性等方面造成影响,因而直接影响集群企业的融资水平和发展水平。(3)政府引导性选择。是指由政府制定的产业发展战略、出台的产业发展政策等对金融体系与"两型"产业集群互动关系的影响。主要体现在"两型"产业集群作为产业发展和集群发展的未来方向,群内企业在成立初期受到政府的积极引导,同时也对金融机构提出产品服务的特殊要求,进而促进集群形成和集群升级,促进金融市场的完善与发展。

4.3 金融体系与"两型"产业集群发展共同演化型互动的特征及模式

4.3.1 金融体系与"两型"产业集群发展共同演化型互动的特征

金融体系与"两型"产业集群发展之间共同演化型互动的特征主要体现在多层级和多阶段上。一方面,"两型"产业集群内的企业成长、产业发展、市场变化、金融需求,以及金融体系内的金融产品、信息技术支持等多种知识在各自系统内的增长与扩散,两个系统内各种要素与整个系统之间的影响与互动,以及两个系统之间的相互选择与互动,最终形成了各要素之间、要素与系统之间、系统与外部环境之间多层级的共同演化过程与结构。另一方面,由于不同阶段主导因素的差异,这种多层级的共同演化型互动还具有明显的阶段性特征,进而推动了金融体系与"两型"产业集群在共同演化与互动阶段的转换与跃迁。

在金融体系与"两型"产业集群共同演化的互动过程中，可根据互动的层级和涉及范围将互动主体划分为以下三类：一是异质性的微观实体，即金融体系内的各类金融机构以及"两型"产业集群内的微观企业。这些微观实体既遵循现有的行业规则，同时也具有一定程度的能动性。如对于"两型"产业集群内的企业而言，尽管他们都基于企业经营的传统管理选择行为，但同时它们的异质性决定了其在不同阶段携带、转化、传播的知识存在差异，甚至在同一阶段也会有所不同，各自在微观层级上充分发挥了知识转换和传播的作用。二是中观层级的互动主体，由第一层级的微观互动主体及其外部环境构成。如在金融体系内的金融机构、"两型"产业集群内的不同企业以及身处的行业、社会、政策、文化环境等构成了一个内涵更为丰富、更高层次的互动层级。三是宏观系统主体，即由金融体系与"两型"产业集群两大系统构成的共同演化型的互动主体。由此，金融体系与"两型"产业集群发展之间构成了一个多层级的互动体系，如图4-4所示：

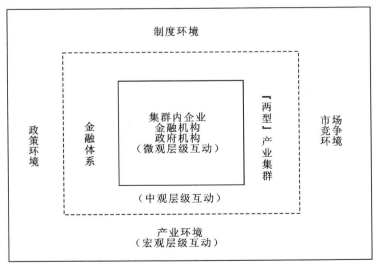

图4-4 金融体系与"两型"产业集群的三层级互动

首先，在微观层级上，"两型"产业集群内上下游企业之间，金融体系内的不同金融机构之间，以及它们与外部环境中的相关主体如政府、各类中介组织等之间的相互合作、影响和适应，构成了共同演化系统里微观层级的互动。具体而言，"两型"产业集群内企业及相关中介组织在发展过程中存在的金融需求来自金融机构的服务与合作，二者在彼此合作与互动的过程中不仅实现了自身功能的不断完善和发展，同时也通过知识的增长与扩散机制、选择机制等对金融体系中的微观金融机构产生了不可避免的影响。

其次，在中观层级上，金融体系与"两型"产业集群两个系统之间的共同演化构成了较高层级的互动结构。在具体的互动过程中，"两型"产业集群内企业金融需求的改变不断促使金融体系发生变化，并能自己作出相应的调节来适应金融体系的改变。也就是说，在微观主体互动的基础上，中观系统层级的互动机制一方面使得"两型"产业集群充分借助金融体系提供的金融服务、产品等支持不断地发展壮大，而另一方面，金融体系则根据"两型"产业集群的发展引发的金融需求的变化进行相应的适应性调整，同时金融体系对"两型"产业集群的金融服务供给的调整与创新也必然会对"两型"产业集群的自身发展产生新的影响，从而促进两个系统实现良性互动和共同演化。

最后，在宏观层级上，金融体系与"两型"产业集群以及它们所处的包括产业、市场、科技、制度、文化、政策等在内的外部环境，共同构成了共同演化系统的宏观互动层级。以"两型"产业集群内企业为例，它们必然存在与所在产业链条上的上下游企业之间的合作，同时也面临来自同行业竞争对手的市场竞争，还处于整体宏观经济环境、地方政策体系、区域文化背景等复杂的外部环境之中。因此，集群内企业的自身发展不仅会对竞争者与合作者产生必然影响，同时也会在不断的互动过程中对所处外部环境产生不可忽视的影响，而这些影响结果又必将促使其自身的企业经营、战略制定等决策产生适应性的调整。

4.3.2 金融体系与"两型"产业集群发展共同演化型互动的模式

结合前文分析，在不同的发展阶段中，金融体系与"两型"产业集群发展之间共同演化型互动在知识增长与扩散机制、交易成本降低机制、适应性选择机制等存在的差异，必然导致不同类型的互动模式的产生。

参考基于网络技术对经济系统的研究成果，互动主体选择的随机性特征是揭示互动过程内在机理及模式的重要变量。如 Cowan（2004）对集聚程度和互动主体间的平均路径长度进行了研究，并描述了不同网络结构的不同情形与特征，如图4-5所示：

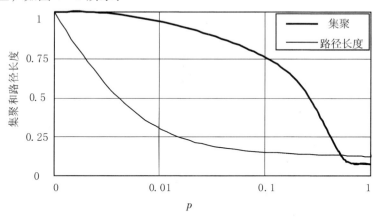

图4-5　不同网络结构的聚集程度与平均路径长度的关系

图4-5中的 p 值即为不同网络结构中不同主体之间互动的随机选择概率，可以看出，随着 p 值的增加，网络结构中主体间的聚集程度和平均路径长度都不断下降。在此观点的基础上，借鉴 Watts（1999）以及陆立军、郑小碧（2011）的研究，本书运用金融体系与"两型"产业集群两个系统中微观主体选择互动对象的随机概率来分析金融支持与"两型"产业集群发展之间的互动模式及其阶段特征，如表4-1所示：

表4-1　金融体系与"两型"产业集群的互动模式及阶段特征

互动模式	互动阶级	主导性互动层级	知识扩散与转换机制	交易成本降低机制	适应性选择机制
有规则互动（$p=0$）	萌芽期	微观	较慢	学习为主	政府引导性选择为主
中间型互动（$0<p<1$）	成长发展期	微观、中观	较快	创新为主	竞争性选择和社会性选择加强
随机性互动（$p=1$）	成熟期	多层级	迅速	模仿为主	竞争性选择为主

在表4-1中，参数 p 表示金融体系与"两型"产业集群两个系统将彼此作为互动对象的随机选择概率，其取值区间为 $p \in [0,1]$，从而可以根据 p 的取值将金融发展与"两型"产业集群之间的互动模式分为三种类型：

（1）当 $p=0$ 时，意味着金融体系与"两型"产业集群之间的互动对象在很大程度上是固定的，金融机构与集群内企业两类组织之间的互动对象十分有限，且关系较为稳定，这往往出现在新的微观主体（金融机构和新入集群企业）刚刚进入金融体系和"两型"产业集群时。由于在形成初期，金融体系和"两型"产业集群两个系统的稳定程度不高，导致互动者不会轻易改变已经形成的较为稳定的合作关系，而是继续与原合作对象进行互动。此时，金融体系与"两型"产业集群之间的互动是一种有规则互动模式，对应的互动阶段处于早期的萌芽时期，由于自身发展阶段的不成熟以及关系网络的缺乏，微观主体只能选择与自身处于相同层级的主体进行互动。由于互动的规则性，两个系统中微观互动者的市场知识比较有限，多以同行业内的通用知识为主。在成本降低机制方面，具有较高不确定性的市场环境导致微观主体的学习主要属于以经验积累为主导的试探性学习。同时，政府的有效引导至关重要，积极的宣传、有利的政策支持等都是政府引导性选择机制的体现，而竞争性选择机制和社会性选择机制尚未成为主导。

（2）当 $p\in(0,1)$ 时，金融体系与"两型"产业集群之间互动的随机性增强，但尚未达到完全随机的程度。在这一互动模式下，随着金融体系与"两型"产业集群互动程度的持续加深，各自系统内微观互动主体的互动对象逐渐扩展，二者互动的层级也随之从微观主体层级跃迁到中观系统层级，金融机构、"两型"产业集群内企业等互动者的演化行为对环境的影响也越来越大，制度环境、技术环境等对各类微观互动实体的影响越发明显，创新逐渐成为主要的成本降低机制。同时，这种竞争与合作并存的网络结构，促进了各类知识的转化、积累与扩散，极大地推动了金融体系与"两型"产业集群的创新动机和行为，分别以大型金融机构和大型龙头企业为主体的领导者基于长期的知识积累，在金融创新和技术创新领域的领导地位日益凸显，逐渐推动并形成联系紧密的互动网络。此外，互动体系中的适应性选择机制的作用也更加显著，竞争性选择以及社会性选择的力量更加强大，政府引导性选择机制也可能发生变化。

（3）当 $p=1$ 时，金融体系与"两型"产业集群已步入了各自成熟稳定的发展阶段，同时有条件实现两个系统以及与外部环境之间的全面、多层级的互动直到最终的共同演化。在这一过程中，各层级的互动主体之间的随机概率为1，即为完全互动，金融体系与"两型"产业集群两个系统之间的知识转换非常迅速，形成了成熟、稳定的互动网络结构。与此同时，伴随着互动程度的不断提升，市场竞争程度更为激烈，技术和产品服务创新日益丰富，知识的流动性大大增强，蕴藏的风险也随之增加。而在同一系统内部，由于单个微观主体已逐渐发展成熟，其创新能力逐渐变弱，而彼此之间的模仿行为更易于发生，此时需要一定程度的外部干预以避免金融体系和"两型"产业集群的互动陷入创新停滞的陷阱。因此，在此阶段中，政府作为外部环境的重要干预角色，应当适时调整发展战略规划，积极、有效引导金融体系与"两型"产业集群在更大范围的创新与互动。

综上所述，金融支持与"两型"产业集群发展之间构成了一个多层级、多阶段的互动模式（图4-6），是从微观主体、中观系统到宏观环境三个层级共同演化的互动过程。其中，上述三个层级的互动在不同的阶段分别具有不同的特征和功能，而互动阶段的转换则是基于互动层级的融合与变迁得以实现。与此同时，互动层级能否顺利实现阶段性的跃迁与融合，既取决于内生动力机制是否有效，更依赖于政府等外部力量的有效引导。

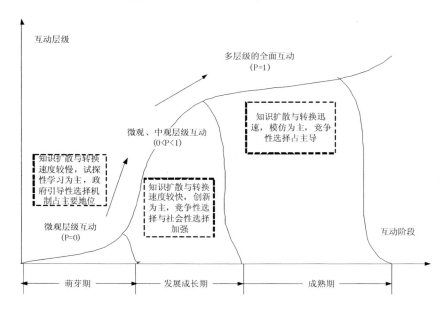

图4-6 金融支持与"两型"产业集群发展的互动模式及阶段

4.4 金融体系对"两型"产业集群发展的引导与促进

4.4.1 金融支持对产业集群"两型"化的引导

金融发展对产业集群"两型"化发展的引导，主要体现在通过金融资源配置、促进技术创新，有效过滤微观主体，引导产业集群"两型"化。要有效提高资源使用效率，尤其是工业能源的利用效率，在极大程度上依赖于企业的技术创新。因此，要实现产业集群的"两型"化，技术创新是关键。产业集群在进行技术创新过程中，无疑会滋生大量的创新投入与资金需求，金融机构通过对与产业集群"两型"化发展相关的技术创新的产品和项目有针对性的倾斜和引导，提供投融资服务，从而为技术创新和集群转型升级提供有力金融支持和引导。

金融机构的资金投向与倾斜正是对金融需求市场上微观主体的筛选、过滤与培育。国家提出的"绿色信贷"理念，为金融机构进一步支持"两型"产业集群发展供了政策依据。对不符合"两型"产业政策和环境违法的企业和项目进行信贷控制，以绿色信贷机制遏制高耗能高污染产业的不合理扩张。在具体操作上，银行要通过行之有效的甄别机制对技术创新项目进行贷前筛选，有效过滤微观主体，积极支持节能型、环保型项目和企业，限制将资金投向高耗能、高污染、资源浪费型企业或项目，有效引导金融资源流向技术创新领域，促使集群内企业向"两型"化方向发展。在提供信贷资金支持后，还应大力完善贷后监督机制，对绿色信贷资金的使用进行严格监督和管理，促使企业主动完善管理，推动产业集群向"两型"化的转型升级。

4.4.2 金融创新促进"两型"产业集群发展

依据前文所述的金融发展与"两型"产业集群之间的互动机制，金融创新对产业集群的"两型"化转型升级也会产生重要的促进作用。这种促进作用主要体现在技术创新推进效应和制度安排两个方面，如图4-7所示：

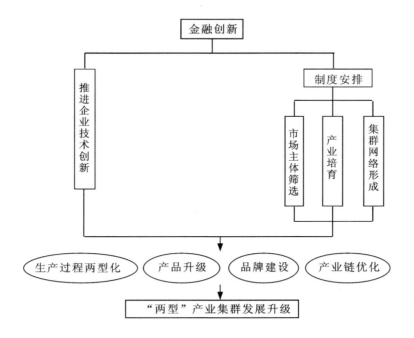

图 4 - 7　金融创新促进"两型"产业集群发展升级

首先，"两型"产业集群与传统产业集群的根本区别在于其生产过程中的清洁性和对物质的充分利用，而达到这些条件则需要金融的有效支持。金融体系通过针对"两型"产业集群内企业的金融产品与服务等创新手段，推进集群内企业技术创新步伐，提高生产效率，增加产业与产品的附加值，实现生产过程和产品升级，并最终推动产业集群的发展与升级。通过对风险和收益的重新匹配，金融体系的产品与服务创新不仅可以提供"两型"产业集群进行技术创新所需的资金，还可有效实现风险共担，从而切实解决"两型"产业集群可能出现的技术创新动力不足的问题。

其次，金融创新背后一系列创新性的制度安排还发挥着对市场主体筛选、产业培育、推进集群网络形成等功能，这些功能可以从不同角度、不同层面推进"两型"产业集群的品牌建设，加强集群内部企业之间以及集群内部与外部之间的网络联系，同时强化对"两型"产业集群的要素保障，并促进产业集群的功能升级和产业链升级。

4.4.3 产业链金融模式提升"两型"产业集群产业链价值

近年来，产业链金融模式成为了金融机构为"两型"产业集群提供金融服务的主流模式，"1＋N"的新型服务模式改变了过去金融机构对单一企业的授信模式，即围绕某一家核心企业，全方位地为产业链条上的其他 N 个企业提供金融服务。

由于金融机构主要围绕"两型"产业的核心企业展开金融服务与支持，它们设计出的金融服务方案可以有效控制提供的资金流向，通过引导、控制金融资源流向以提升"两型"产业集群产业链的薄弱环节，凭借商业承兑汇票、盘活企业存货、活用应收账款等多种方式使得资金合理地注入"两型"产业集群与产业链的耦合系统中各层链条的配套环节和配套企业，最终提升产业链中薄弱环节的运作能力。

具体而言，金融体系通过对"两型"产业集群内基础设施建设的支持，可吸引更多的企业和项目进入产业集群，促进产业的集中布局，通过给予金融资源的倾斜，加强生产服务性配套设施建设，改善产业集群内部的金融环境与生产服务水平。因此，金融支持可通过产业链金融模式有效提升"两型"产业集群的产业链价值，促进"两型"产业集群内配套企业与核心企业之间建立长期、稳定的战略协同关系，再借助相关企业的职能分工与合作实现整个"两型"产业集群产业链的不断增值。

5 支持"两型"产业集群
发展的金融体系构建

现代产业集群的研究表明,金融体系构成了地方产业集群竞争优势的重要内部机制,是地方经济网络的关键组成部分,对产业集群的发展起着至关重要的作用。而产业集群内企业是否具有比较优势在很大程度上取决于能否获取较大规模和较低成本的资金支持。实际上,完善、高质量的金融体系不仅能有效带动和促使社会闲散资金以储蓄的形式转化为产业资本,进而流向产业集群内部,提高集群内企业可获金融资源支持的总量和差异化的服务需求;而且还具有优化资源配置的功能,在有效满足集群内企业金融需求的同时支持集群内产业链条的发展与升级。本章拟从金融市场支持体系、金融机构支持体系、金融服务与产品支持体系三个方面构建支持"两型"产业集群发展的金融体系。

5.1 金融市场支持体系的构建

5.1.1 支持"两型"产业集群发展的金融平台设计

完善的金融市场支持平台能高效整合各项"两型"金融政策及服务,是实现金融资源与"两型"产业资源有效对接的重要载体。在区域金融市场不够发达、技术创新市场化程度不高的产业集群发展初级阶段,设计完善、有效的金融支持平台尤为重要。作者认为,该金融平台应由技术平台、银企对接平台和综合性服务平台三个子平台构成,如图 5-1 所示:

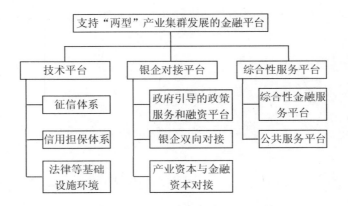

图5-1 支持"两型"产业集群发展的金融平台构建

1. 金融支持的技术平台

有效的金融支持平台的实施与实现必须以完备的技术平台为支撑,包括信用信息系统、信用担保体系、法律环境等。

首先,地方政府要积极建立地方征信体系,在中国人民银行征信系统的基础上,充分借鉴国外信用管理的法律规定,大力推进地方征信体系建设,并且通过采取相关措施鼓励"两型"产业集群内企业加入该征信体系,如允许进入征信体系的企业合法共享集群内其他企业的信用信息等。

其次,完善信用担保体系。尽管"两型"产业集群在融资担保方面具有显著的优势,但"两型"产业的发展还存在一些障碍,这使其融资担保的优势需要通过政府的扶持和引导加以促进。具体来说,一方面,政府应当在指导方针上充分凸显对推进信用担保机构发展的重视程度,有步骤地建立和完善政府补偿机制;另一方面,政府应致力于从制度层面和法律层面双重角度建立担保风险补偿机制,考虑按照信用担保机构的代偿资金和赔付损失,以预算拨款、优惠税率等方式定期补充其资本金,成为此类担保机构长期稳定的补充资金来源。

再次,金融支持平台的高效运行还需要健全的法律及监管等基础设施环境。政府以及各级主管部门应尽快落实规范各类与"两型"产业集群相关的金融中介服务机构的业务经营和风险防范等内容,将金融支持"两型"产业集群发展过程中潜在的、不必要的风险降到最低程度。

2. 银企对接平台

为了加大金融机构对"两型"产业集群发展的金融支持力度,政府应充分发挥引导作用,搭建促进银行对企业加深了解、加强合作的顺畅而便捷的银企对接平台。

首先,构建由政府引导、社会各方协作的金融支撑体系,为"两型"产业集群发展提供良好的政策服务和融资平台。

其次,政府可与当地商业银行合作,定期或不定期举办"两型"产业集群内企业与银行的座谈会以及多种形式的银企对接活动,由主管单位介绍"两型"产业的发展经营情况,商业银行通报金融运行情况及宏观经济政策,企业推广介绍自己的项目,银企双方根据市场原则,进行双向选择。

最后,建立产业资本与金融资本对接平台。借助此平台,政府可以便捷地宣传宏观及中观产业政策、信贷政策等,"两型"产业集群内企业可以宣传和发布重点工程、优质项目等,金融机构可以便捷地发布金融创新产品,最终实现金融机构、产业基金等与产业集群内企业在沟通对接中实现互利双赢。

以长沙市为例,政府金融办积极搭建政银企交流合作平台,做好金融机构引进和培育工作。2013 年,协助推动市政府与中国人保湖南省分公司签署战略合作协议,争取投资 30 亿元;与建设银行湖南分行签署全面战略合作备忘录,承诺 3 年内在该市投放贷款不少于 1000 亿元,同时,建行与 15 家企业签订了合作协议,签约项目金额达 373 亿元;与中信银行签署了《推动长沙市城镇化建设及现代服务业发展战略合作协议》,承诺每年积极利用多种融资渠道为该市提供不低于人民币 100 亿元的融资支持;与浦发银行长沙分行签订战略合作协议,承诺 3 年内,向该市提供总额不超过 500 亿元人民币的金融服务和支持;此外,还新引进中邮人寿保险股份有限公司入驻市内。

3. 综合性服务平台

在搭建顺畅、便捷的银企对接平台基础上,为了迎合其日益旺盛的金融服务需求,还需要为"两型"产业集群发展提供综合性的金融服务平台,在健全和完善促进"两型"产业集群化发展的同时,不断构建与金融支持相联动的金融扶持机制,具体包括:(1)可在"两型"产业集群内建立综合性金融服务平台,整合银行、证券、保险、私募股权投资等多种金融服务资源和渠道,为"两型"产业集群发展提供综合性金融服务。同时,整合国家和政府针对"两型"产业集群发放的各项扶持资金,以风险补偿、科技创新扶持和上市融资费用补贴等多种方式将资金投向企业，提高财政资金的使用效率，充分发挥正向激励作用。（2）推动"两型"产业集群内的公共服务平台建设，包括从现代物流、技术服务、管理咨询、人才培训等多方面为产业集群内企业提供系统化、专业化的公共服务，引导各类服务企业向"两型"产业集群集聚，优化金融体系支持"两型"产业集群发展的外部环境。（3）促进科技文化金融公共服务体系发展。支持搭建科技文化金融高端人才服务、培训咨询服务、企业孵化服务、知识产权服务、技术转移服务、信用体系服务、项目产品信息交流服务、投贷联动服务、中介机构服务等公共服务平台。（4）促进产业集群内部高水平研发平台的建设。支持集群内的龙头及骨干企业加强与高等院校、科研机构的交流，联合组建重点（工程）实验室、工程（技术）研究中心、企业技术中心等机构，成立合作创新机构和研发平台，加大对技术创新的参与和投入力度，鼓励企业研发平台选择创新方向和技术路线，组织技术研发、产品创新，利用和转化科技成果。

5.1.2 多元化的金融渠道设计

相比于传统成熟的产业集群及其丰富多样的融资来源，"两型"产业集群正处于起步和发展初期阶段，融资渠道较为狭窄，大部分仍以银行信贷融资为主要渠道。因此，要有效提升对"两型"产业集群的金融机构支持，离不开金融工具的创新以及融资渠道的拓展，需要在充分利用传统金融工具和融资方式的基础上，不断鼓励金融工具和产品的研发，以实现"两型"产业集群融资方式的创新和多元化。

"两型"产业集群的金融渠道支持，不仅包括传统金融的"两型"化，也要在传统金融业务上进行"两型"创新。首先，"两型"产业集群的融资渠道并没有独立于传统金融业务之外，在很大程度上还依赖于传统的金融业务，应将资金引导流向"两型"经济的发展领域。但与传统金融业务相比，"两型"产业集群的金融支持体系具有更加鲜明的时代特色，它的一切活动都是围绕"两型"产业集群这个核心展开的：一方面，金融支持更具针对性，主要服务对象是"两型"产业集群内的企业；另一方面，金融支持更具长远性和战略性，即相比于传统金融活动注重的中短期经济效益，它更加关注的是"两型"产业集群的成长和长远发展。其次,"两型"产业集群的金融支持体系不仅局限于传统的金融服务习惯,而且在其基础上,根据集群内企业的实际和特有需求,创新与"两型"产业集群发展紧密结合的金融产品,开拓金融交易市场,丰富整个金融支持体系。

根据融资途径不同,"两型"产业集群的融资方式包括直接融资和间接融资,其中直接融资包括企业上市、私募股权、发行债券、吸引外资等方式,间接融资包括银行信贷融资、民间融资等,如图 5 - 2:

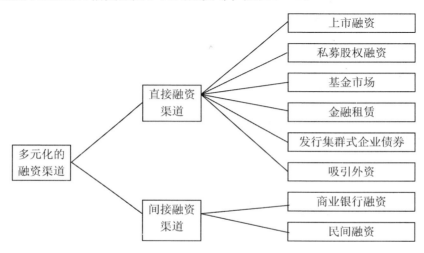

图 5 - 2　构建"两型"产业集群多元化的融资渠道

1. 直接融资

(1) 上市融资

目前,针对企业快速发展的巨大资金需求规模,我国资本市场出现了多层次的变化,主板市场规模日益扩大,中小板市场容量不断增加;准入门槛也随着企业的多样化需求特性而逐渐降低,如创业板的推出就是对主板市场和中小板市场的重要补充,创业板也是孵化科技型、成长型企业的摇篮。可见,加快企业上市进程,从资本市场获得直接融资,可为"两型"产业集群募集大量发展所需资金。

以长沙市为例,直接融资的总体发展有所加快,但市内产业集群的融资需求仍存在较大缺口。据不完全统计,2013 年该市直接融资 318.42 亿元。其中,3 家上市公司定向增发 60.98 亿元(熊猫烟花、金瑞科技和电广传媒);

3 家公司股权融资 10.63 亿元（远大住工、泰通科技和湘江新城）；3 家上市公司发行短期融资券融资 40 亿元（湖南投资、友阿股份和方正证券）；3 家企业发行企业债券融资 49 亿元（金霞粮食、轨道交通和先导土地）；3 家企业发行中期票据融资 38 亿元；湖南信托 1~11 月融资 69.85 亿元，券商资产管理计划融资 9.17 亿元（财富证券、方正证券和湘财证券）；3 个县、区发行小城镇基金 0.8 亿元（长沙县、宁乡县和望城区）；轨道集团利用金融租赁和金融机构自营理财资金各融资 20 亿元。

　　具体而言，集群内企业可根据企业自身发展情况，瞄准目标资本市场，力争上市融资。对于"两型"产业集群内的核心企业和龙头企业，可以利用区域品牌优势，在地方政府的支持与培育下，通过技术创新实现发展壮大，提升自身实力，从而较容易地进入资本市场。同时，地方政府还要较好地扮演引导、组织、协调的监管者角色：对于主营业务突出、竞争优势明显、具有较强融资能力的上市公司，可以支持其收购兼并同行业的中小企业，或者与其他企业进行强强联合；对于"两型"产业集群内部已上市的企业，鼓励其通过吸收合并、定向增发等方式进行资源整合，促使集团整体上市；对于发展趋势良好、接近上市条件的准上市公司，应大力支持，争取尽早达到上市门槛，顺利进入资本市场，扩大融资规模，实现企业规模扩张。

　　通过上述方式鼓励、支持"两型"产业集群内优势企业的成功上市后，这些较早进入资本市场的企业反过来又有利于解决集群内中小企业的融资难题。一方面，它们可与上市公司实施战略性重组，通过资源整合实现股票融资；另一方面，由于集群内大部分企业普遍存在规模小、信用等级不高等缺陷，直接上市融资的可能性在短时期内仍然较小，2009 年推出的创业板虽将上市门槛中的最低股本要求降至 3000 万元，仍有绝大多数集群内中小企业难以满足相关要求，可以考虑通过集群融资模式在资本市场上进行融资，如集合债券等，下文将予以详述。集群融资模式是指"两型"产业集群中各相关企业通过内部有机的关系整合，以共同名义上市融资，将所融资金在整体内部再分配，进而满足集群内部各企业的融资需求。由政府牵头组建产业集群融资框架机构，将集群内大中小型企业组成一个整体就可以轻松地解决上市融资的限制，最后融资金额的大小则可根据每一个企业在整个框架中的资产份额进行分配，或通过协商内部进行分配。集群框架融资有利于集群内部行业间和行业内的资源重组、整合，促进集群内资本共享，帮助集群企业尤其是中小企业进行资本积累，还有助于集群内部经济秩序进一步优化。

（2）私募股权融资

私募股权融资是未上市中小企业的重要融资途径，完善的代办股份转让系统和产权交易市场代办股份转让系统，能满足"两型"产业集群内不同发展阶段的企业多元化的融资需求，推进创业投资和股权私募发展，增强企业自主创新能力，对于促进"两型"产业集群发展具有重要意义，是"两型"企业进入资本市场的"蓄水池"和"孵化器"。

产权交易市场是非公开权益性资本市场。产权交易市场目前主要是为不具备主板和创业板上市条件的企业、或者并不希望在公开资本市场上市的企业以及还不满足证券市场上市条件的企业产权（股权）等提供交易的场所。产权交易市场通过发挥市场的资源配置功能，能够有效地解决"两型"产业集群企业成长过程中对资本、技术、管理和产业整合等多方面的需求，促进企业加快步入良性发展的轨道，尤其是推动大多数科技型、成长型企业进入资本市场的快速通道。同时，产权交易市场还可以通过有效的交易制度设计，成为创业投资、风险投资进入与退出不可或缺的重要通道。而事实上，产权交易市场这些功能的发挥，在很大程度上依赖于我国的监管部门尽快制定产权交易的相关法律法规，规范产权交易方式、交易内容、交易程序等产权交易行为；也有赖于全国近300家的产权交易机构积极探索，勇于尝试，建立全国性产权市场联盟，构建国内统一的产权共同市场，强化交易信息、方式、规则等内容的互通和共享；而且还有赖于产权交易品种的开发和创新以及产权交易模式的探索与尝试。

在"两型"产业集群的私募股权融资方面，长株潭地区近年来也持续发展，取得了一定成效。2012年，湖南省首家天使投资基金——麓谷高新天使基金正式成立，不仅充实了长株潭地区私募股权投资基金投资的企业类型，同时也能更好地服务于小微企业的发展。同年，湖南省首支3.2亿元中小企业集合票据成功发行，已备案的股权投资类企业达到21家，已备案股权投资类企业管理资金总额约45亿元。此外，为完善鼓励和引导私募基金发展政策，长沙市政府于 2011 年 4 月下发了《长沙市人民政府办公厅关于印发〈鼓励股权投资类企业发展暂行办法〉的通知》（长政办发［2011］29 号），同年 8 月出台了《关于落实〈鼓励股权投资类企业发展暂行办法〉有关问题的通知》。以长沙高新区为例，截至 2012 年底，该区已有 61 家企业签订股改协议，21 家企业完成股改，16 家企业完成券商内核。此外，湖南股权交易所已于 2010 年底成立，应大力鼓励和支持"两型"产业集群企业在湖南股权交易所挂牌融资和交易。但同时也存在较多不足，各地区应加快步伐，为私募股权发展创造条件，如长沙高新区可积极推进进入代办股份转让系统试点，紧抓国家扩大代办股份转让系统试点的机会，加快园区企业改制步伐。

（3）风险投资基金

"两型"产业集群发展投资基金的设立可以融合多渠道资金的力量，有利于发挥投资的引导和放大效应，以"小基金"的投入来撬动"大资金"的跟进，吸引社会各类闲散资本投入"两型"产业集群发展，增添动力。作为专门针对"两型"产业的投资基金，此类风险投资基金主要投资对象是"两型"产业集群内部的未上市企业，主要以股权投资和提供经营管理相关服务的方式实现利益共享和风险共担，不仅能够帮助推进集群整体的产业结构优化与升级，而且有助于促进储蓄资金的资本化，亦可成为民间资本进入"两型"产业集群的重要载体。国内产业投资基金已有成功案例，如 2006 年 12 月，渤海产业投资基金正式挂牌，总规模 200 亿元；2010 年 2 月光大江阴新能源产业投资基金成立，规模 30 亿元；2010 年四川绵阳科技城产业投资基金成立，募集资金 90 亿元。

"两型"产业集群投资基金的战略定位应包含以下两个方面：首先，要发挥杠杆效应，促进产业发展。基金成立后，要充分发挥政府资金引导作用和杠杆效应，引导社会资金进入"两型"产业，重点支持优势产业的产业升级以及新型产业的发展壮大。其次，要逐步向"伞状"基金过渡。当"两型"产业集群投资基金运营成熟且达到一定规模后，要根据投资项目和产业的不同特点，在"两型"产业集群投资基金下设立多个独立的子基金，形成"伞状"基金结构，通过投资行业、市场细分提高基金的运营效率以满足不同投资者的投资需求，进而增加投资基金的吸引力，扩大资金来源及动力。具体而言，在风险投资机制方面，建议初期以政府出资为主导，经过一段时期的发展成熟后，通过设立风险投资基金等形式引导企业和私人资金的进入，最终形成成熟、稳定的投资者体系。

据相关资料，长沙市一直致力于推动设立长沙市创业投资引导基金。由市政府整合现有财政资金，设立市级创业投资引导基金，按照"政府引导、市场运作、科学决策、防范风险"的原则规范运作。引导基金以"母基金"的方式，引入国内外优秀创业投资管理机构，发起设立科技、文化等类型的创业投资"子基金"，以引导投资、带动贷款，分担风险、分享收益为原则，吸引境内外资金对科技型企业进行股权投资，带动商业银行贷款。

（4）金融租赁

金融租赁是一类集贸易、金融、租借为一体的特殊金融工具，为解决"两型"产业集群企业融资问题提供了非常有益的参考。以工程机械类的"两型"产业集群为例，融资租赁业务的开展已广泛而普遍，以融物的形式实现资金融通的目的，对其自身的发展产生了不容小觑的帮助。具体而言，集群内企业作为设备制造商或提供商，以租赁的形式将机器设备交给用户企业使用，后者在合同期限内按期偿还租金，其所支付的租金总额与该设备的总价相近，并在租赁合同期限结束后从提供商或制造商处获取该设备的所有权。可见，作为金融租赁的代表之一，融资租赁是一种简单、便捷、快速的融资方式，不仅为"两型"产业集群的企业提供了一种收效良好的融资途径，同时也促进了集群内部上下游企业之间的信任与合作，从而有利于促进"两型"产业集群的发展。

"两型"产业集群目前面临的难题之一是技术改造，尤其是对于大型机械产业集群而言，不断引进先进设备和技术是实现技术改造的根本途径，融资租赁就成为了解决产业集群在短时期内进行技术改造所需资金的有效方式。然而，目前我国专注于服务"两型"产业集群的租赁行业尚处于起步阶段，租赁企业数量、规模等都较小，还需要进一步的发展和扩张，以增强对"两型"产业集群的金融支持能力。在具体的拓展过程中，可以考虑将"两型"产业集群内大型、核心企业的机器设备通过融资租赁的方式向配套企业出租，既可以有效盘活核心企业的闲置资产，增强资金流动性，同时也有助于降低配套企业的违约风险,即当配套企业无法按时向设备出租企业出售所需用品时,出租企业可以通过回收设备等方式进行控制。对于租赁公司而言,一方面可以享受税收减免、财政补贴等政府扶持,另一方面也降低了自身的经营风险,原因在于"两型"产业集群内聚集了大量的同类型企业,一旦承租人不能向租赁公司按时支付租金,租赁公司可以快速找到集群内的另一个承租人。

（5）发行集群式企业债券

从目前全国性股票市场来看,主板市场的门槛过高将许多企业拒之门外,而创业板市场只能解决一部分中小企业的融资问题,债券市场就成为一条重要的直接融资渠道,但我国的债券市场制度较为空白。为丰富"两型"产业集群内中小企业的融资渠道,在保证金融安全的前提下,政府部门可以率先在试验区内稳步地推进金融业的开放,发行集群式企业债券。

集群式企业债券是指仿照中小企业集合债的形式,由"两型"产业集群内同一行业的上下游若干企业或集群内邻近行业的若干企业集合构成债券发行主体,通过集合债券的形式,规定债券发行额度,统一债券名称,形成一个总发行额度而发行的一种企业债券。该模式充分利用了"两型"产业集群的两大特点及优势:第一,地域上的邻近有利于集群内的担保机构、律师事务所、会计师事务所、券商等中介机构对发债主体企业进行评估和审查,有效降低了信息成本及风险;第二,集群内的企业基本上面临相同的外部环境,其经营风险基本相同,经营业绩也较为统一,强化了直接金融与中小企业的有效对接,为解决"两型"产业集群内中小企业融资问题提供新的有效途径。中国目前成功发行的中小企业集合债券主要有"深圳市中小企业集合债券"和"中关村高新技术中小企业集合债券",分别由深圳20家企业和北京中关村4家企业联合发行了10亿元和3.7亿元企业集合债券,缓解了中小企业的融资难题,为全国的中小企业提供了新的融资样本。2012年,湖南首只中小企业集合债券成功发行,为华南裕华化工集团等三家企业融资达1亿元,有效扩宽了企业融资渠道、扩大了融资规模。

（6）引进外资

外商直接投资表现出很强的地域聚集和产业聚集的趋势和特征,这意味着产业集聚已成为外商直接投资的重要区位优势，且外商投资对产业集群起着不可小视的催生作用，外资企业也是活跃于产业集群的重要力量。由此可见，吸引外商直接投资越来越成为产业集群一种有效的融资方式。

"两型"产业集群对外商直接投资的吸引力主要表现在：首先，产业集群内完善的基础设施、中介服务支持组织、各类研发机构和高素质的人力资源、市场资源等优越条件，降低了企业进入的壁垒，从而可以吸引更多的外商直接投资；其次，外资企业对投资进行区位选择与行业定位时，更倾向于理性地选取外资集聚地进行投资，尽量避免更高风险的陌生领域与区域的投资，因此，外资在产业集群内的不断累积也成为吸引外商直接投资的重要因素；再次，相比集群外企业，集群内企业较高的投资回报率对外资有更高的吸引力。此外，"两型"产业集群作为产业集群的发展方向，相比其他企业能获得更好的政策支持，在政府与行业协会引导下，外资更容易进入此类产业。

同时，还应重视外资金融机构的进入对"两型"产业集群的支持。凭借先进的管理和丰富的经验，外资金融机构在对"两型"产业集群的金融支持方面存在一些本土金融机构尚不具备的优势，不仅可以填补现有金融支持的不足，更可刺激区域内金融机构的良性竞争和发展。就长沙市而言，自2008年2月汇丰银行入驻长沙以来，花旗银行、新韩银行、东亚银行、渣打银行先后来长沙设立分支机构，目前全市共有外资银行分行5家，外资（合资）保险分公司2家。

2. 间接融资

（1）商业银行融资

商业银行融资是目前"两型"产业集群最主要的融资方式之一。然而，由于自身先天不足、信息不对称等多方面原因，集群内的大部分中小企业往往难以从银行获取信贷资金支持，因此注重软信息收集的关系型贷款和充分利用产业集群整体信用等级的互助担保型贷款成为了"两型"产业集群获取金融支持的有效渠道。

① 关系型贷款

关系型贷款是银行主要依靠长期多渠道往来所获取的关于借款企业及其投资人相关信息而做出的贷款决策。通过长期为地方性中小企业专门服务，金融机构可以从多渠道获取区域集群内企业尤其是中小企业的信息，掌握其经营状况、商业信誉、企业投资人等真实可靠的信息，减少二者之间信息不畅通、不对称的状态。产业集群的内在机制正好符合关系型信贷模式的开展。其一，企业集群之间联系较为紧密，形成了一个以中小企业为主的社会关系网络，人缘和地缘关系缩小了银行信贷人员与区域内企业的距离，能以较低的成本解决银企间信息不对称问题，降低了银行的信贷成本，且地域的临近性使银行能较容易地进行贷款的监督；其二，集群内企业有较为稳定的市场规模，其金融需求的相对稳定性为金融机构提供了相对稳定的信贷市场，有利于金融机构信贷业务的可持续发展；其三，在行业协会、政府机构的牵头领导下，集群内的企业与金融机构建立并保持了长期稳定的交易关系，为维护集群声誉也会自觉地进行"共同监督"，从而对防范和化解金融风险有所助益。

②互助担保型贷款

互助担保型贷款是指产业集群内众多企业联合担保向银行融资的模式。"两型"产业集群作为一种对资金、知识及技术高度依赖的产业形式，其各阶段的知识创新、技术创新均需大量而持续的资金资助。银行出于自身资金安全的考虑会设置严格的贷款条件，近年来各商业银行普遍实行抵押、担保、质押等制度，而集群中除少数大企业能提供有效的担保资产外，众多的中小企业能够提供的有效抵押担保较少，而企业需求的信贷资金需求很大，因此建立集群内互助担保基金成为了获取资金来源的有效解决方式。集群内企业以自愿互助为原则组建互助担保机构，共同出资组建互助担保基金，对成员技术创新、新项目启动资金、短期流动资金贷款进行担保，以使其获得银行的信贷资金。

本书以民生银行长沙分行的互助基金贷款为例，探析该业务的现状及特点。自2012年7月开始，民生银行长沙分行专门针对小微企业开展互助基金贷款业务，截至2013年6月，共成立了29只小微企业互助基金，服务小微企业客户2448户，放款2618笔，无一客户违约。放款金额达到29.90亿元，保证金总额5.41亿元，风险准备金总额0.31亿元。如表5-1所示：

表 5 - 1　民生银行长沙分行互助基金贷款现状

基金个数	保证金总额（亿元）	风险准备金总额（亿元）	客户规模（户）	放款笔数	放放金额（亿元）
29	5.41	0.31	2448	2618	29.9

该小微企业互助基金贷款授信金额和客户规模的增长势头十分迅猛，如图 5 - 3 和图 5 - 4 所示。

图 5 - 3　民生银行长沙分行小微企业互助基金贷款授信金额情况

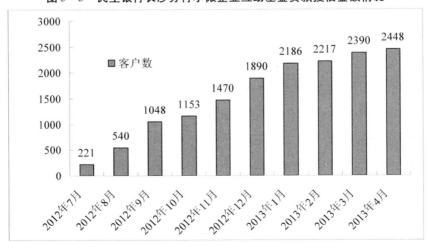

图 5 - 4　民生银行长沙分行小微企业互助基金贷款客户规模

在产品方面,现有的 29 只小微企业互助基金中针对某一行业成立的互助基金有 23 只,针对产业链成立的互助基金有 3 只,针对区域成立的互助基金有 2 只,针对商圈成立的互助基金有 1 只。其中行业类的互助基金贷款占全部互助基金贷款的 79%,产业链类互助基金贷款占全部授信金额的 10%,商圈类互助基金贷款占全部金额的 7%,区域类互助基金贷款占全部授信金额的 4%,如图 5 - 5 所示:

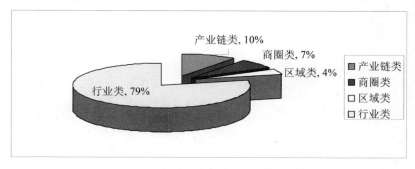

图 5 - 5 不同类型互助基金贷款额度分布

从加入互助基金的 2448 个小微企业所获的授信额度来看,获得 100 万 ~ 200 万元授信额度的小微企业最多,占 30.82%,而获得 50 万 ~ 100 万元、200 万 ~ 300 万元、300 万 ~ 500 万元的小微企业客户数量则较为均衡,占比分别为 25.90%、19.78%、23.50%。如图 5 - 6 所示:

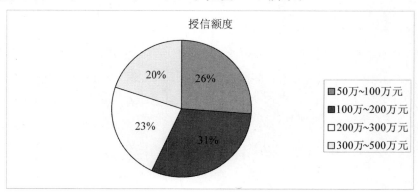

图 5 - 6 单个小微企业授信额度分布

(2)民间融资

近年来,呈现出较快增长的民间资本已成为我国社会投资中不可忽视的重要力量。为鼓励和引导民间投资的健康发展,国家发改委于 2010 年出台了

《关于进一步鼓励和促进民间投资的若干意见》。近年来长沙进行了一系列探索实践。2012 年，长沙民间借贷服务中心正式成立，成为全国第三家、中西部地区以及省会城市第一家按照"政府引导、企业化运作"原则运作的民间投融资信息中介服务平台。同时，全国首家民间金融商会——长沙民间金融商会也正式挂牌成立。地方政府应以此为契机，加快构思并设立有利于保护环境和节约资源的民间资本进入"两型"产业的准入门槛和投资机制，建立健全民间投资服务体系，加强服务和指导，为增加民间资本对"两型"产业集群提供金融支持创造良好环境。

目前我国信用担保体系不够完善，商业银行对中小企业一直存在"惜贷"现象，尤其是科技型的中小企业更难获得贷款，其主要原因是此类中小企业具有特殊的财务指标如非线性增长、轻资产等，这与商业银行传统的信贷管理模式很难相适应，从而使很多中小企业在间接融资的过程中均承受了"所有制歧视"及"规模歧视"的双重压力。而我们总结国际经验可知，社区银行与中小企业有天然的共生关系，其所有制形式与规模结构相适应，且体制灵活，能更快、更直接地获取社区内的中小企业及其创业者的软实力。因此，在"两型"产业集群区可设立面向"两型"中小企业的社区银行以解决中小企业融资难的问题。

长期以来，我国缺乏正规民间资本向中小企业流动的长效机制，大多民间金融机构均以地下形式存在，民间金融被排斥在正规金融体制外。而民间融资的健康发展关系到整个金融体系的优化，而且能有效解决中小企业融资难问题，因此我们应加强对民间融资的监管，明确民间融资与非法融资的界限，引导民间资本向当地中小企业流动。尤其应鼓励以民营资本为主体的成长型企业股权投资基金、创业投资基金的发展，使基金成为民间资金转换为产业资本的载体，从而有效对接民间融资与产业集群融资。

5.2 金融机构支持体系的构建

当前，我国金融体系仍是以银行系统为主导的传统金融体系，对产业集群内企业尤其是中小企业的融资需求支持有限，构建多层次的产业集群区域内金融机构体系，促进国有金融机构的改革与转型，完善治理结构，是提升对"两型"产业集群金融支持力度的关键。

5.2.1　多元化地方金融机构体系的设计

与全国性金融机构相比，地方性金融机构有着天然的人缘与地缘优势，尤其是"两型"产业集群内及周边的金融机构对产业集群发展的支持作用更加明显。具体而言，地方性金融机构的优势体现在以下几个方面：

（1）容易建立产权关系明晰、责权明确的法人治理结构，有较强的活力和自我约束力；

（2）管理层级少、链条短，信息内部传递失衡的矛盾较易解决，有利于降低监督管理成本；

（3）经营业务地域跨度较小，与客户接触频繁，拥有地缘、人缘、信息及资产监控优势，有利于规避风险，提高决策效率和服务灵活性；

（4）规模较小，经营成本相对较低。

鉴于地方性金融结构拥有的上述优点，在发展"两型"产业集群时，可仿照浦东发展银行、福建兴业银行等区域金融机构，大力推广成立专门致力于为"两型"产业集群提供金融服务的专营机构。此外，对于新兴的"两型"产业集群，地方金融机构可在产业集群集聚地建立有形网点并辅以网上银行、结算网络等虚拟网点，利用机构、网络、人才、信息优势，为集群内企业提供融资、理财、结算、现金管理以及投资经营分析等多种资信服务，延伸金融机构服务领域。

地方性金融机构体系还应注重区域内金融机构的多元化发展。完善的地方金融机构体系的构成不仅包括传统的银行业金融机构，还包括证券、保险、信托、租赁、担保、财务公司等大批非银行业金融机构，两类金融机构的协调、均衡发展有助于充分发挥地方金融体系多元化的金融服务功能，拓宽"两型"产业集群的金融服务渠道，提升其金融需求的满足程度。同时，在关注多元化地方金融机构体系的同时，也应当注重对机制灵活、反应灵敏的中小型金融机构的培育与扶持，如中小型商业银行、典当行、风险投资公司及其他金融中介机构等。

5.2.2　健全金融中介服务机构

金融中介服务机构包括投资咨询、资信评级、信用担保和资产评估等机构。政府应为金融中介机构创造良好的外部环境，引导其创新服务满足"两型"产业集群的个性化需求；鼓励民间资本积极进入中介服务领域，规范贷款担保体系，完善投融资服务中介体系。金融机构为"两型"产业集群发展提供支持离不开各类中介服务机构的参与，政府应有效引导和支持金融中介机构的构建，为其提供良好的外部环境，具体可从以下几方面入手：

（1）对处于初期运作的金融中介资金予以补贴，并适度参与以促成其市场交易达成；步入正轨后应严格监管，尽量为金融中介服务机构创造良好的外部环境。

（2）积极引导民营资本进入金融中介领域，适当引入外资参与，充分利用市场机制配置金融资源。

（3）鼓励和支持中介结构的业务创新，推进金融中介服务面向"两型"产业集群的专业化和个性化发展。

（4）积极发展企业贷款担保机构，继续发展和完善证券投资咨询、保险经纪、代理、专业理财服务等机构，建立和完善风险投资服务中介体系。

以科技型"两型"企业为例，政府应致力于支持知识产权中介服务机构发展。具体措施包括支持知识产权等无形资产价值评估业发展，制定专利、商标、著作权等知识产权价值评估和投资交易细则；引导建立多维度的价值评价指标体系；引导金融机构、知识产权代理机构、律师事务所、评估公司、保险公司、担保公司等发挥专业优势，为知识产权投融资服务。

5.2.3　鼓励发展民营金融机构

"两型"产业集群发展过程中，民间资本起着不可忽视的作用，它能有效缓解集群内企业尤其是小微企业的资金投入不足的问题。为了满足"两型"产业集群发展的根本需要，引导民营资金服务实体经济，政府应通过多种方式有效推动民营金融机构的发展。具体实践方面，可以探索由民间资本发起设立自担风险的民营银行和金融租赁公司，培育发展社区类银行机构、互助型合作制保险组织和专业化保险机构，充分调动民营资本的积极性；在民营金融机构运作上，给予一定的利率上浮空间以冲抵吸引存款的成本；但同时也必须加强准入门槛、经营监管和风险防范等管理措施，完善保险制度，引导民间融资健康发展，力争在风险可控的基础上助力"两型"产业集群的发展。

5.3 配套的金融服务模式与产品体系构建

5.3.1 结合集群内企业特点创新金融服务模式

"两型"产业集群中的企业并非处于同等行业地位，同一行业内存在龙头企业、骨干企业、配套企业以及一般的中小跟随型企业。对于这些不同地位的企业，金融机构需分别针对其各自特点运用不同的金融工具和服务模式以提供更加贴近企业需求的金融服务，促进"两型"产业集群的发展和升级，如表5-2所示：

表5-2 结合集群内企业特点的金融服务模式

企业地位	特点	金融服务模式
龙头企业	位于集群金字塔的顶层，是集群的核心，对带动产业经济和促进产业结构调整起着辐射、导向和示范作用。	①通过信贷支持、资金结算、财务顾问等多元化金融服务手段，增强对龙头企业的支持力度，对产业集群龙头企业和大型项目建设的大额融资需求，可实行总、分、支行三级联贷或组建银团贷款、联合贷款方式给予支持，加快其技术进步、规模经营和产品结构调整，促进其提高整体素质，增强企业市场竞争力和抗风险能力；②鼓励增强自主创新能力，扩大技术专利，创立品牌，通过创新以专利、品牌、商誉等无形资产所有权质押等担保方式，促进龙头企业提升研发能力，加快核心技术和管理水平的提高；③运用产业集群的整体授信，支持其将配套件及特定的生产工艺分离，提高龙头企业的核心竞争力和对集群其他企业的衍生效应。

企业地位	特点	金融服务模式
骨干企业	处于金字塔的中上部,具有特色经营的市场,是龙头企业的后续者。	①通过投资银行业务帮助骨干企业引入战略投资,以备用贷款、并购贷款和重组贷款满足产业集群优势企业资产并购、债务重组中的不同融资需要,帮助骨干企业加大资本积累、扩大规模;②对地方政府重点扶持的信用度较高的骨干企业,给予一定财政补贴的项目予以项目贷款、搭桥贷款的重点支持,帮助骨干企业提升产品科技含量,加快信息技术革新,推动业务流程和生产要素的重组;③对骨干企业增产扩销的经营性资金需求,对应物权可匹配国内外信用证、打包放款、押汇融资、票据等产品,对应现金流,可匹配营运贷款、账户监管项下的发票融资和合同融资、信用保证保险贷款等产品,支持其发挥经营潜力,为延伸产业链起到强有力的支撑作用。
跟随及配套型企业	处于金字塔中下部,经营策略以"跟随"和"配套经营"为主,自主创新能力和行业领导力不强。	运用商业银行信贷资金的资源分配,强化"两型"产业集群专业分工,引导中小企业围绕龙头骨干企业的核心产业,进入大企业的产业链和销售网络,形成上下游配套环节的支撑。

5.3.2 完美对接的产品支持体系——绿色金融

与"两型"产业集群发展的理念与目标一致,绿色金融也旨在环境保护与节能减排,强调环境利益,按照市场规则,以促进环境保护和对资源的有效利用为原则,追求金融活动与环境保护、生态平衡的协调发展。因此,在构建支持"两型"产业集群发展的金融体系和机构过程中,绿色金融作为专门针对"两型"标准开发的金融类别,必然成为促进"两型"产业集群建设的重要角色。2007年以来,我国环保总局等机构相继出台了一系列绿色金融产品,先后建立和成立了中国清洁发展机制(CDM)基金和北京、上海环境交易所。从我国的发展实践来看,绿色金融主要包括绿色信贷、绿色保险、绿色证券以及其他金融工具。

1. 绿色信贷

绿色信贷是指商业银行等金融机构依据国家的环境经济政策和产业政策，对污染企业的新建项目投资贷款和流动资金进行额度限制并实施惩罚性高利率，而对研发和生产治污设施、从事生态保护与建设、开发和利用新能源、从事循环经济生产和绿色制造以及生态农业的企业或机构提供贷款扶持并实施优惠性低利率的差别化金融政策手段。其核心理念在于商业银行将环境风险与社会责任科学、合理地融入到其具体的贷款政策、文化和管理流程中，最终目的在于积极引导信贷资金流入有助于国家环保事业发展的企业和组织，而把破坏环境、污染环境的企业和项目从中抽离，以实现资金的绿色配置。

商业银行是我国最主要的金融中介机构，银行信贷在满足企业融资需求的外部渠道中是无可替代的主力军，因此，绿色信贷有着十分重要的意义。首先，绿色信贷的推行将遏制高耗能高污染等不符合"两型"标准的行业发展，促进新兴产业的兴起，优化产业结构，促进产业升级。其次，推行绿色信贷意味着商业银行将环境和社会责任标准纳入到其自身的经营管理中，无疑会增强其对环境风险进行及时监控的积极性，从而有助于将环境风险转化为其自身的经营风险。从长远角度来看，绿色信贷还可以丰富商业银行的信贷产品种类，拓宽经营业务的利润增长点。尤为重要的是，绿色信贷产品大多针对企业技术改造或环保项目，这使得经常需要进行技术升级和环保改造的中小企业更符合要求，相对而言更容易获得节能技改资金支持，以解决其融资难的问题。

近年来，国内部分商业银行逐渐认识到经济社会发展过程中环境所蕴含的风险和机遇，纷纷开始大力推行绿色信贷并承担起相关的社会责任。兴业银行于2007年加入联合国环境规划署金融行动，2008年宣布采纳赤道原则①，成为国内首家"赤道银行"，并逐步建立了符合赤道原则要求的制度体系和管理流程。截至2013年11月末，兴业银行长沙分行绿色金融业务余额

---

① 目前，在绿色金融领域影响最大的是"赤道原则"，这一原则成为国外商业银行践行低碳信贷的制度基础。"赤道原则"于2003年6月正式出台，其核心内容是：银行在发放1000万以上的项目融资时，必须考虑该项目的环保标准和社会责任，坚决不向不符合环保标准的项目发放贷款。作为一个行业惯例，"赤道原则"虽不具法律效力，但已成为国际项目融资中的行业标准，是当前国际环境保护的强大力量。

达到 61.08 亿元，在信贷规模十分有限的宏观政策下，分行投向节能减排领域的资金达 25 亿元，为湖南省"两型"社会示范区建设作出了显著贡献。此外，浦发银行 2010 年绿色信贷产品的贷款余额为 214 亿元，绿色信贷增幅及占比逐步增加，并于 2012 年推出"绿色金融综合服务方案 2.0"，形成目前国内最全面覆盖低碳产业链上下游的绿色信贷和服务体系。2013 年浦发银行绿色信贷余额为 242 亿元，占总贷款余额的比例为 1.4%，涉及节能环保项目贷款项目 399 个。

环境保护部环境与经济政策研究中心 2012 年的调查结果显示，尽管绿色信贷在推动中国绿色金融和绿色经济发展中发挥了不容忽视的作用，但同时也存在诸多亟待改进和完善的问题，主要体现在绿色信贷项目或节能环保贷款项目的贷款总量占比较低、金融产品开发动力不足等方面。

我国金融机构的绿色信贷服务主要集中在银行业开展。要充分实现绿色信贷对"两型"产业集群的金融支持功能，需要从政府、银行和社会三个方面进行协助和推动，以确保绿色信贷服务效果的发挥，促进"两型"产业集群的可持续发展，如图 5 - 7 所示：

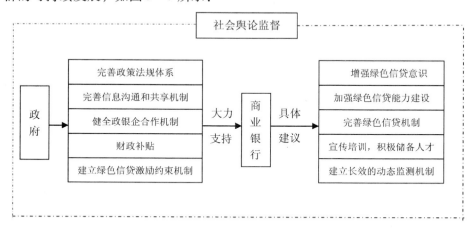

图 5 - 7　"两型"产业集群绿色信贷服务效果发挥的支持框架

就政府而言，对银行绿色信贷的支持主要体现在相关法律和政策的制定上，通过相应的法律和政策，一方面给绿色信贷服务的开展提供保障和依据，另一方面也要求并引导银行等金融机构积极有效地开展绿色信贷服务。我国绿色信贷政策的发展历程如表 5 - 3 所示：

表5-3　我国绿色信贷政策的发展历程

时间	出台政策文件
1995年	《关于贯彻信贷政策与加强环境保护工作有关问题的通知》
2007年7月6日	《关于改进和加强节能环保领域金融服务工作的指导意见》
2007年7月30日	《关于落实环境保护政策法规防范信贷风险的意见》
2007年12月28日	《节能减排授信工作指导意见》
2008年8月29日	《中华人民共和国循环经济促进法》
2008年9月	《2007年度中国银行业企业社会责任报告》 截至2012年，共有交行、建行、工行、中行、兴业、农行、浦发等7家银行发布了企业社会责任报告
2008年11月6日	《促进绿色信贷的国际经验：赤道原则及IFC绩效标准与指南》（中文版的赤道原则）

就商业银行而言，需要在配合国家政策和加强绿色信贷意识的基础上，致力于完善绿色信贷业务流程设计、绿色信贷产品开发等，以确保绿色信贷政策的具体落实和成效。

（1）绿色信贷业务流程设计

本书认为，我国推行绿色信贷业务应参考以下指导思路，如图5-8所示：

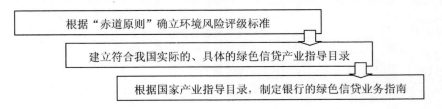

图5-8　我国商业银行绿色信贷业务指导思路

首先，“赤道原则”是绿色金融领域的权威指导准则，我国开展绿色信贷业务必须首先采用这一通用准则确立环境风险的评级标准，作为对绿色信贷目标企业的准入标准。按照潜在的环境风险和影响程度分为高（A）、中（B）、低（C）三类，银行结合项目分类审查其环境风险，根据评估结果决定是否继续贷款提交、贷款审批或贷款发放，并在借款合同中嵌入承诺性条款。

其次，在采用“赤道原则”的基础上，还要结合我国具体发展实际，在对行业分类的基础上，以产品为主，结合生产工艺考虑，采用定量和定性相结合的分析方法，制定明确的绿色信贷产业指导目录，并且强调与宏观政策保持一致，如《节能减排授信工作指导意见》、《关于落实环境保护政策法规防范信贷风险的意见》和《节能减排授信工作指导意见》。

最后，要根据国家产业指导目录、结合国内行业标准和产业要求制定具体的商业银行绿色信贷业务指南。具体实践中，商业银行应该从信贷组合层面判断环境风险敞口的主要领域，再结合当前国家产业政策、环境法律法规、环保标准实施情况，分析具体环境影响因素，制定重点行业（区域）绿色信贷业务指南。完整的绿色信贷业务指南包括对环境问题与环境风险的界定、设定环保参数及如何达标、相关责任分配与实施、单笔交易环境风险决策等内容。

商业银行开展绿色信贷业务也应遵从传统的信贷业务流程，先后通过合规审查、现场调查和专家咨询、筛选和分级、分类管理、风险定价以及贷后管理六个步骤，具体流程如下（图5-9）：

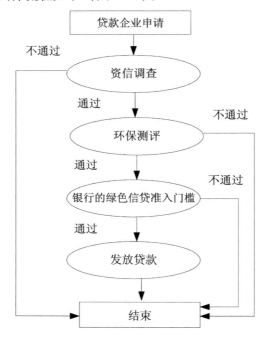

图5-9 商业银行绿色信贷审批发放流程

（2）"两型"产业集群绿色信贷产品开发

信贷产品是商业银行为盈利而设计的解决客户资金需求的金融产品。绿色信贷产品是实现商业银行信贷资金绿色配置的最终途径。针对"两型"产业集群提供资金的绿色信贷产品的设计与开发，应考虑产品所涉及的各个利益主体之间的关系、紧密结合"两型"产业集群特点及集群内企业发展与需求特点，通过分析信贷产品涉及的各个主体之间的利益关系探讨产品的内涵，结合定价模型、政府补贴力度和"两型"发展要求，分析存在的风险并控制风险的措施，最后开发出相应的信贷产品。

按照符合社会和环境需要、符合"两型"产业集群实际需求、有针对性等三个基本原则，本书构建了基于产业链、附加国际技术援助的绿色信贷以及新型的抵质押信贷方式等产品体系。

① 基于产业链的绿色信贷系列产品开发

"两型"产业涵盖能效（工业和建筑能效）、清洁能源、环保、绿色装备供应等多个行业，可在深入分析"两型"产业链布局的基础上，针对产业链上的不同角色企业设计提供不同的产品，综合运用抵押、质押、保理等多种形式，为"两型"产业集群的发展提供金融支持。商业银行绿色信贷产品体系的构建思路如表5-4所示：

表5-4　商业银行绿色信贷产品体系构建思路

集群企业	融资需求特点	绿色信贷解决方式
EMC（节能服务商）	融资规模小，符合抵押、担保条件的资产不足	以项目的部分节能收益权为标的，向银行申请质押贷款；银行通过项目现金流进行监测以控制风险和保证收益，发放绿色信贷。
节能减排设备供应商	缺乏设备采购资金，无法实施节能设备的批量采购	银行对节能设备生产企业给予专项买方信贷授信，项目实施企业作为借款人，贷款专项用于采购节能设备生产企业所生产的设备。
节能减排设备制造商	现有设备生产能力有限，后续扩大生产投入资金不足	向银行申请贷款用于生产专业节能设备，在国内实施节能减排项目。
公用事业服务	项目建设资金不足	其下游终端用户向银行申请融资，用于向公用事业服务商支付相关设施建设费用，有助于清洁能源的推广应用。

集群企业	融资需求特点	绿色信贷解决方式
节能减排技改项目	项目实施资金不足,需要获得匹配项目回收期的中长期融资	银行直接与客户建立融资合作关系,通过对项目技术和企业综合实力的审核,设计融资方案,并提供融资服务。
CDM 项目	项目实施资金不足,收款周期较长,希望获得匹配项目回收期的中长期融资	银行引入专业的合作伙伴,以 CDM 项下碳减排指标销售收入为重要依据,对特殊绿色项目提供融资。
排污企业	拥有特定区域内的排污权,但存在资金短缺、制度设计不完善等缺陷	绿色信贷可为排污企业在环境容量使用权交易市场提供系列金融服务:如排污权制度设计咨询、有偿使用资金管理、交易清算系统开发等。

②附加国际技术援助的绿色信贷

附加国际技术援助的绿色信贷,是指国内商业银行借助国外机构资金及技术支持,以中间信贷或转贷款的方式,为"两型"产业集群企业及项目提供个性化项目融资支持,如法国开发署(AFD)①、国际金融公司(IFC)②等,其实现路径如图 5 – 10 所示:

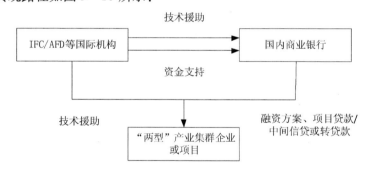

图 5 – 10　附加技术援助的绿色信贷实现途径

---

①　法国开发署(AFD)是一家法国国有机构和依据法国银行法规设立的专业银行,是法国政府官方提供援助的骨干力量。法国政府授权法国开发署与中国财政部签订协议,通过部分商业银行等为中国节能项目提供优惠利率的资金和技术援助。

②　国际金融公司(IFC)成立于 1956 年,是世界银行集团的私营部门机构。应中国财政部的要求,IFC 利用其自有资金及全球环境基金的赠款,建立 IFC 中国节能减排融资项目(CHUEE),为国内商业银行节能减排和可再生能源项目贷款提供风险分担机制和技术支持,并为"两型"产业集群企业提供关于市场、工程、项目开发和设备融资等全方位的咨询服务。

该项融资方式以附加国外机构的技术援助为主要特征,其优势主要包括以下四个方面:首先,可同时获得 AFD 和商业银行的双重资金支持,有效增加融资额度;其次,可根据"两型"产业集群企业或项目的具体特点,基于对项目现金流的合理测算,设计匹配的贷款期限和多样化的还款方式,以与企业或项目实际经营情况相匹配,有效降低企业还款压力;再次,由于 AFD、IFC 低成本的资金来源,贷款利率将低于市场水平,在有效降低"两型"产业集群企业的融资成本的同时,还有助于提高经营收益;最后,凭借 AFD、IFC 的全球化援助经验和商业银行的本地化项目管理经验,通过融得贷款资金的方式还可获得国际前沿技术支持和咨询增值服务,有助于"两型"产业集群企业的绿色升级。

③ 新型的抵质押信贷方式

a)排污权抵押融资

排污权抵押融资,是指"两型"产业集群内企业以其有偿取得的排污权作为抵押,向商业银行申请贷款,以获取融资。具体而言,排污权抵押贷款对象为持有《污染物排放许可证》,且污染物排放未超过《污染物排放许可证》规定的企业,排污权可在排污权交易市场进行有偿转让,且应办理抵押登记。该种融资方式的具体实现路径如图 5-11 所示:

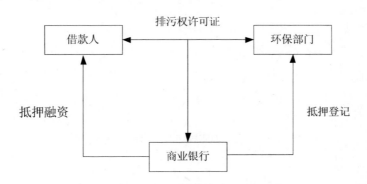

图 5-11 排污权抵押融资的实现路径

上述以排污权为抵押的融资方式主要适用于"两型"产业集群内热电、水泥、纺织、印染、化工等行业的中小型节能环保企业,是一种新的融资担保方式和创新融资模式,其主要优势主要体现在:一方面,中小型环保企业可以借助商业银行对排污权价值的专业评估及经验,获取全面的融资方案支持；另一方面，该种融资方式期限灵活，融资形式多样，可以根据企业的自身特征而进行灵活调整。

b）合同能源管理未来收益权质押融资

合同能源管理未来收益权质押融资，是指商业银行以节能服务公司节能服务合同项下未来收益权作为质押，为实施合同能源管理项目的节能服务公司提供的融资。涉及的节能服务合同包括节能效益分享型合同、节能量保证型合同、能源费用托管型合同以及包含两种以上合同类型的混合型合同。该种融资方式的具体实现路径如图 5 – 12 所示：

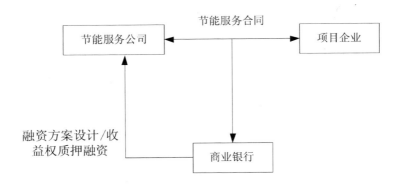

图 5 – 12 合同能源管理未来收益权质押融资的实现路径

对于"两型"产业集群内的企业而言，该种信贷融资方式具有以下特点：一是有效解决中小节能服务公司因担保不足发生的融资难问题；二是依托商业银行合同能源管理项目技术评估经验，可以合理测算不同类型项目的节能量；三是依托商业银行丰富的项目评估经验，可以合理测算企业的未来现金流，进而设计有效的融资方案，协助企业降低还款压力；四是根据投资规模配套资金，贷款无上限，不留资金缺口，可以有效确保项目竣工；五是融资期限灵活，贷款期限增加，帮助企业加快资金周转速度。

c）国际碳保理融资

在清洁发展机制（CDM）下，商业银行可以减排量购买协议（ERPA）为标的，为 CDM 项目业主提供 CDM 项目注册（联合国 EB）后的保理融资，具体涉及回购型和买断型两种类型的保理融资。具体而言，CDM 项目主要涉及水电、风电等可再生能源项目、甲烷回收利用（如煤炭瓦斯回收利用、垃圾填埋气发电）项目、燃料替代（如天然气发电）项目以及钢铁、水泥等行业提高能效类项目。该种融资方式的实现路径，如图 5 – 13 所示：

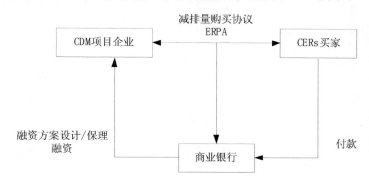

图 5 – 13 国际碳保理融资的实现路径

该种融资方式可以有效借助"两型"产业集群企业的碳交易未来收益权，帮助企业在无抵押和担保的情况下提前获得融资，突破了传统的信贷模式。对企业而言，不仅可以依托商业银行的丰富经验，针对各类节能项目类型合理测算项目未来减排量，提供全面的融资方案设计，同时享受项目融资、碳交易财务顾问、国际碳保理融资等系列金融服务，而且可以有效规避汇率风险。具体而言，企业可以通过回购型保理（或部分回购）满足客户融资需求，规避汇率风险；通过买断型保理，提前实现报表收入和利润，规避汇率风险。

2. 绿色保险

绿色保险，即"环境污染责任保险"，是以企业发生污染事故对第三者造成损害时依法应承担的赔偿责任为标的的责任保险。环保总局和保监会于2008 年联合发布《关于环境污染责任保险工作的指导意见》，标志着我国绿色保险制度序幕的拉开。国际经验证明，成熟的"绿色保险"制度是经济与环境"双赢"的制度。结合"两型"产业集群的发展来看，绿色保险无疑是其发展过程中的助推器，可以充分借助绿色保险的经济杠杆作用推动"两型"产业集群内的企业提升环境保护理念，加强环境风险管理。具体而言，绿色保险不仅有助于"两型"产业集群内的企业降低经营风险，提升环境风险管理水平，同时也可以帮助环境风险发生的受害方及时获取经济补偿。截止2011 年末，开展环境污染责任保险试点的区域扩展到 14 个省市，10 余家保险公司推出相关险种，全国共有近 400 家企业投保环境污染责任保险。

（1）绿色保险制度模式。由于各国实际情况不尽相同，绿色保险制度呈

现出不同的模式,较为典型的有如下三种(表5-5):

表5-5　国际绿色保险制度模式

制度模式	代表国家	说明
强制模式	德国	起初兼用强制责任保险与财务保证或担保相结合的方式,自1990年12月10日《环境责任法》通过和实施之后,开始强制实行环境损害责任保险。
	印度	普通商务公司实行商业强制保险,政府和国有公司实行保险基金制度。
自愿与强制相结合模式	法国	采取渐进方式,以自愿保险为主、强制保险为辅。
	美国	将环境污染责任保险作为工程保险的一部分,无论是承包商、分包商还是咨询设计商,如果在涉及该险种的情况下没有投保,都不能取得工程合同。
	巴西	环境污染保险主要分为意外污染险和环境污染险,前者为自愿性保险,后者为强制性保险。
自愿模式	日本	企业根据自身经营中发生环境污染事故风险的高低,自行决定是否有参保的必要。

　　由于绿色保险的特殊性,自愿性保险模式的发展受到很大制约,以单独保险形态出现在保险市场的案例也较少,强制性保险模式逐步成为一种国际主流发展趋势,非常值得我国借鉴,也是确保"两型"社会背景下"两型"产业集群可持续发展的重要经济途径。据2007年国家环保总局、中国保监会、中国人保财险公司等部门就环境污染责任保险进行的调研结果,企业投保意识明显不强、法律法规尚不完善、市场各方准备不足等是制约我国全面推行绿色保险的重要因素。如果仅依靠市场机制的运作,完全由"两型"产业集群企业自觉选择是否投保,在缺乏强烈的环保理念及实践经验的情况下,企业往往倾向于选择风险自留,导致绿色保险的市场机制失效。借鉴其他国家实施绿色保险制度的成功经验,本书建立的绿色保险制度设立框架,如图5-14所示:

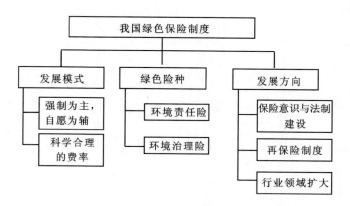

图 5 - 14 我国绿色保险制度设立框架

强制保险方式是绿色保险的发展趋势，在确定强制保险为主、自愿保险为辅的绿色保险制度模式框架下，相关政府部门协调性推进，制定相应的配套措施与实施细则，同时提升保险机构的专业化水平，以确保绿色保险的有效实施。

同时，"两型"产业集群企业购买绿色保险的决策行为在很大程度上取决于保险费率的高低，来自有效的费率机制的激励对提升绿色保险市场效率具有重要影响。针对不同的环境污染程度，施行差异化的费率，既可以公平地对待不同污染程度的企业，从制度上刺激和引导，又能够使保险公司有足够的盈利可能性。

（2）环境责任险和环境治理险。欧盟 2004 年出台的《关于环境损害的预防和补救方面的环境责任》中规定环境本身的损害在法律上是一种预防和救济责任。德国于 2007 年推出一种公法范畴的保险——环境治理保险，其与环境责任保险最大的区别之处在于，此种保险的目的在于最大程度地避免环境损失，对已发生的环境污染进行及时治理，并对相关治理费用进行赔偿。

针对"两型"产业集群发展可能对环境造成的污染，借鉴欧盟及德国的经验，可从环境污染责任和环境污染治理两个层面构建我国绿色保险的险种体系。目前，我国环境污染责任保险已初现雏形，并在政府、保险公司、"两型"产业集群企业的共同推动下不断发展和完善，但环境治理险方面还暂为空白。

上述两种保险在保险事故发生时间确认标准、除外责任、环境损失赔偿责任等方面有很多类似之处，但其损失对象却存在很大差异。环境责任险的标的是环境损失，其对象是指水域损失、土地损失、生态环境及受保护物种的损失。而环境治理保险的标的主要是水域、土地和生物物种等环境污染所需承担的治理责任。此外，该保险是承保公法范畴的保险，可要求同时承保对自身及第三方造成损害而需治理的部分。因此环境治理保险体现了公共利益的保护原则，减轻了政府部门的负担，尤其解决了环境损害却无责任人治理的难题。随着相关法律的不断完善，保险业将会出现更多的创新险种以满足大众需求。

（3）发展方向。首先，绿色保险实现稳步发展的基础是健全的法制环境。目前，国内的环境责任保险的立法尚处空白阶段，可以从以下方面考虑下一步的发展方向：一是借鉴德国的经验，在一般性的环境立法的基础上，明确环境责任保险在法律中的地位，并制定关于环境污染和损害的特别法律，构建多层次的法律框架体系；二是在《环境保护法》、《大气污染防治法》、《海洋环境保护法》等专门性的环境法律中，对污染环境的责任人的具体惩罚措施予以最大程度的明确，包括治理费用、第三方损害的经济责任赔偿等。

其次，将再保险机制引入绿色保险领域，给予保险业风险转移的途径和选择，以增强保险业投身绿色保险的积极性。由于环境责任存在间接性、复杂性、潜伏性等特点，民事损害赔偿风险相对较大，当保险人根据自己的偿付能力难以承保一项风险之时，就需要再保险业务的支持以提高自己的偿付能力。因此，在高风险性质的环境风险中，再保险机制的实施可有效分散风险，推进保险业务的顺利开展。

最后，我国现在对于海洋石油勘探与开发的企业，已实行强制保险，主要针对的是船舶、石油钻井等方面，保险内容较为单一，应增加对不同程度的污染事故进行承保，如水污染、大气污染、海洋环境污染等事故，并在绿色保险步入成熟阶段后开展更多的保险创新。

3. 绿色证券

2008 年，《关于加强上市公司环境保护监督工作的指导意见》的出台标志着我国绿色证券市场的开始。近年来，我国虽在绿色证券的具体内容构建上取得了重要进展，但上市公司环境绩效评估标准体系尚待完善，需从企业上市核查标准与环保准入、上市企业的环境信息披露制度两个方面继续完善。

在企业上市核查标准与环保准入方面，一整套兼具可操作性和协调性的环保准入与核查体系的建立迫在眉睫。应确保核查信息公开，允许社会公众对公开的环保核查结果进行举报和监督，增强核查的公信力，还考虑可对环保核查进行专门立法，以保障工作的具体落实。此外，证券监管部门应将企业的环保核查情况作为拟上市企业的重要准入门槛，鼓励环境友好型的大型、中小型企业优先在主板、中小板和创业板上市融资。但实际上，目前环保核查工作仅针对重污染行业的企业的上市申请环节，其他行业以及已上市企业的再融资都未包含在内，这无疑需要证券监管部门与环保部门的有力配合与协调。

在上市企业的环境信息披露制度方面，上市公司的环境信息披露制度建设是"绿色证券"的重要内容，以促进重污染行业的上市公司真实、准确、完整、及时地披露相关环境信息，增强企业的社会责任感，包括涉及"重大事件"的基本条款、环保部门与证券监管部门的责任和义务等。在《关于加强上市公司环保监管工作的指导意见》中明确了上市公司重大环境事件的临时报告制度，证券监管部门应调整有关法律法规以保障环境信息披露制度的实效性。

（1）绿色股权融资

从广义角度来讲，绿色证券不仅应包含绿色上市，还应包含绿色债券、绿色投资基金等内容。商业银行等金融机构根据节能减排和可再生能源产业特点，专为"两型"产业集群内的节能环保型企业搭建绿色股权融资平台，全程策划股权融资方案并协助实施，推动企业快速成长。

通过此项绿色股权融资，"两型"产业集群中的节能环保型企业可依托商业银行等传统金融机构，在实现成功融资的同时也促进企业自身的成长与发展。这些优势包括：一是处于成长期的节能环保型中小企业可借助金融机构在 PE 托管和投融资合作方面的行业优势，实现战略投资者的引进；二是企业可通过广泛的境内外资本市场合作平台，获得并购重组、股权转让、境内外IPO 等多样化渠道支持和金融服务；三是金融机构丰富的项目评估经验和资本市场运作经验，为集群内企业的股权融资拟订专业化的资本运作方案，提供全面增值服务；四是借助金融机构扶持中小企业的丰富经验，可构建"直接融资+间接融资"模式实现股权投资与银行信贷的有机衔接，全面提升企业价值。

上述金融服务主要适用于以下"两型"产业集群企业：处于成长期或成熟期拟引入股权投资的、欲实施管理层收购或者员工持股计划的、欲通过股权融资改善信贷条件的、Pre-IPO和IPO、具有高成长潜力的"两型"产业集群内的企业或项目。具体实现方式如图5-15所示：

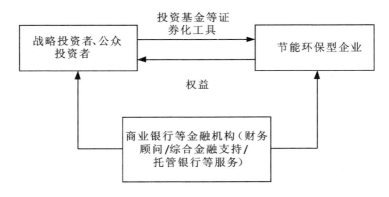

图5-15 "两型"产业集群企业绿色证券融资实现路径

（2）绿色固定收益融资

绿色固定收益融资，是指商业银行通过承销债务融资工具，帮助节能环保企业发行有价证券。具体涉及的固定收益产品包括短期融资券、中期票据、中小企业集合票据、超短期融资券、非公开定向债务融资工具等。具体实现方式如图5-16所示：

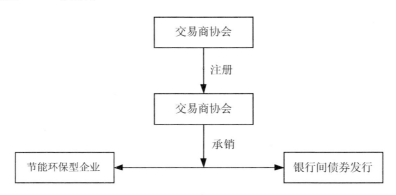

图5-16 "两型"产业集群企业绿色固定收益融资实现路径

114 **"两型"产业集群发展的金融支持研究**
———以长株潭"两型"社会试验区为例

对于"两型"产业集群内企业而言，绿色固定收益融资方式的优势主要有以下几个方面：一是有助于拓宽企业的直接融资渠道，优化融资结构，降低企业对银行信贷的依赖，尤其对于常被阻拦于资本市场之外的大多数中小企业而言；二是依托商业银行在直接债务融资方面的丰富经验，设计和优化融资方案，协助企业降低财务成本；三是固定收益类债券的发行期限灵活，募集资金用途广泛，能够有效满足不同企业的个性化融资需求；四是通过公开市场融资，有利于企业实现规范运作，提高企业的法人治理水平，提高企业的社会知名度，树立及提升其绿色品牌形象。

4. 其他绿色金融模式

（1）融资租赁、信托

"两型"产业集群企业的非信贷融资模式是指商业银行充分发挥自身作为综合性金融服务平台的作用，积极运用金融租赁、债务融资、信托等非信贷融资工具支持"两型"产业集群的发展，尤其是节能减排项目，主要包括融资租赁模式和信托模式，该模式的基本流程如图5-17所示：

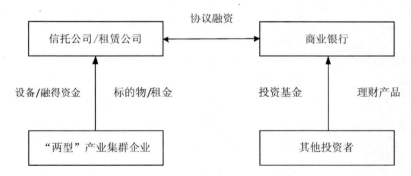

图5-17　"两型"产业集群企业非信贷融资模式

（2）综合专业支持方案

综合专业支持方案是指针对那些参与涉及节能减排、可再生能源等业务或交易的企业，商业银行为其提供有关技术、信息和项目等内容支持，涵盖产业、政策、战略、融资、技术、培训、机制建设等全方位支持的综合服务。

该方案首先能使"两型"产业集群企业充分利用和借助商业银行在信息平台与行业权威机构、国际开放性机构的合作，及项目融资等方面的优势。"两型"产业集群企业可借助商业银行的信息平台优势获取最新最快的宏观经济、产业政策、行业动态、财务税收、金融服务、社会责任等方面的信息和报告。企业通过获取的信息综合分析,从而做出相应的调整和改变;"两型"产业集群企业可以获得来自商业银行介绍的行业权威机构为其提供的能源诊断服务、节能减排特色培训和协助建立长效的技术节能机制;"两型"产业集群企业项目可以依托商业银行与国际开放性机构的合作获得技术工艺评估、节能效果论证、经济可行性评价服务,从而有效降低项目风险;在企业项目融资方面,"两型"产业集群企业可以凭借商业银行项目融资成熟经验和渠道优势获得项目融资决策、融资结构分析、融资实施的一站式全过程服务,为项目建设保驾护航。其次该方案能为企业引入专业节能公司(ESCOs)和能源管理公司(EMCOs),通过合同能源管理,业主单位无须投资,即可获取节能减排收益。

　　该方案的服务对象为"两型"产业集群中从事可再生能源和节能减排的项目或企业,如节能公司、能源管理公司、公用事业公司(包括电力公司、燃气公司、热力、热电公司等)、设备租赁公司等。具体实现方式如图5-18所示:

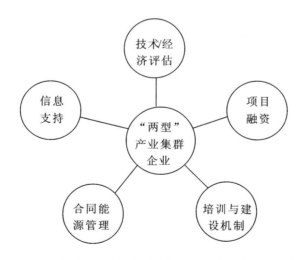

图5-18　"两型"产业集群综合专业支持方案的实现途径

(3)碳交易财务顾问

　　商业银行依托其项目融资渠道和网络优势,联合国际机构,为清洁发展机制(CDM)项目业主提供一站式、全过程的碳金融服务。具体涉及商业银

行协助 CDM 项目业主选择 CERs 买家，对 CDM 项目开发和 CERs 交易可行性
进行论证分析，协助买卖双方前期谈判，确定最优交易条件，促成双方达成
《减排量购买协议》，策划并协助国际机构 CDM 项目开发，全程监督 CERs 交
易的实现和资金支付。具体实现方式如图 5 – 19 所示：

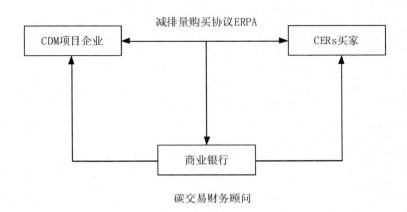

图 5 – 19　“两型”产业集群碳交易财务顾问的实现途径

　　依托商业银行提供的一站式财务顾问，“两型”产业集群内的 CDM 项目
企业可以享受全程外包服务，不需耗时耗力与市场各类咨询机构、交易对手
谈判协调，也无需垫支 CDM 前期开发费用，同时交易风险大大降低，银行可
为 CDM 项目企业提供并锁定合理的 CERs 报价，帮助实现最佳收益。此外，
通过商业银行的方案设计，企业可以获得项目融资、碳交易财务顾问、国际
碳保理融资等系列金融服务，降低资金占用比例，提高企业经营效率。

6 金融支持与长株潭 "两型" 产业集群发展的实证研究

经过六年的积累和发展, 长株潭 "两型" 社会建设综合配套改革试验区已初步形成了工程机械、车辆制造、新材料、有色金属、电子信息、生物医药、烟花鞭炮、纺织服装等产业集群。同时, 伴随着经济的飞速发展, 长株潭地区的金融产业也充满活力, 为区域内产业集群的发展提供了有力支撑, 在 "两型" 社会建设的政策导向下, 金融产业也为区域内产业集群两型化提供了有效的引导。而 "两型" 产业集群的发展水平如何, 各金融渠道对产业集群发展起到了多大的支持效果, 却还没有相关定量研究。本章拟构建 "两型" 产业集群测度指标体系, 并对长株潭 "两型" 社会试验区产业集群发展现状进行测度, 区分探讨不同金融渠道对 "两型" 产业集群发展的具体贡献, 以期为长株潭 "两型" 社会试验区产业集群的未来发展提供理论参考与借鉴。

6.1 长株潭 "两型" 社会试验区产业集群发展状况测度

6.1.1 "两型" 产业集群测度指标体系构建

1. "两型" 产业集群测度指标体系构建

基于第三章对 "两型" 产业集群的概念与内涵的界定, 即资源节约与环境友好的双重标准, 本书创新性地引入产业集聚程度指标, 从三个方面构建 "两型" 产业集群测度指标体系, 构成测度 "两型" 产业集群发展程度的基本思想, 并结合频度统计方法与可行性分析对测度指标进行梳理和筛选。

首先, 根据所搜集的国内外研究文献, 梳理并建立一个测度 "两型" 产业集群的指标库; 然后, 采用频度分析法, 对研究文献中采取的测度指标进行频度统计，结合可操作性与数据可得性的考虑，最终选取使用频度较高的指标，并借助专家打分法，对各项指标赋予权重。该专家小组由包括来自政府、银行、"两型"企业的共计16位经验丰富的人员构成。

在确定了"两型"产业集群评价的指标体系后，要进行有效评价，需明确各项指标的评价标准。由于量纲各不相同，因此各指标不能直接使用，需要用指标的参考值。目前对于"两型"的评价没有统一的标准，参照已有的国际与国家标准、国内对生态与循环经济的要求，参考国内外文献，结合国内学者游达明，马北玲等（2012）对"两型"社会的评价体系的研究成果，考虑专家小组的整体意见，借鉴工业发达国家有关指标的当前水平以及国内较高水平，从而确定了"两型"产业集群测度指标的参考标准，最终确定的指标体系与参考标准如表6-1所示：

表6-1　"两型"产业集群测度指标体系

一级指标（权重）	二级指标（占一级指标权重）	计量单位	参考值	权重
资源节约程度（0.3）	单位 GDP 能耗（0.4）	吨标准煤/万元	0.7	0.12
	单位 GDP 电耗（0.3）	万千瓦时/小时	0.08	0.09
	规模工业增加值能耗（0.3）	吨标准煤/万元	1.5	0.09
环境友好程度（0.3）	单位 GDP 工业废气排放量（0.25）	标 m³/万元	0.06	0.075
	单位 GDP 工业废水排放量（0.25）	m³/万元	0.5	0.075
	工业固体废物循环利用率（0.3）	%	80	0.09
	园林绿化覆盖率（0.2）	%	30	0.06
产业集聚程度（0.4）	LQ 系数	无	3	0.4

2. 指标计算与评价等级

（1）"两型"产业集群发展水平的计算

首先，计算二级指标（X_{ij}）的数值。二级指标数值的计算以实际值与参考值的对比为计算的标准。

当二级指标的数值越大，所显示的"两型"发展程度越高时：

$X_{ij} = a_{ij}/c_{ij}$，若 $a_{ij} > c_{ij}$，则 X_{ij} 计为 1；

当二级指标的数值越小，所显示的"两型"发展程度越高时：

$X_{ij} = c_{ij}/a_{ij}$，若 $c_{ij} > a_{ij}$，则 X_{ij} 计为 1；

其中，X_{ij} 代表二级指标的数值，a_{ij} 代表二级指标的原始数值，c_{ij} 代表参考值。

然后，计算一级指标的数值。一级指标数值即用二级指标数值乘以其占一级指标的权重，并进行加总所得，具体如下：

$$X_i = \sum_{j=1}^{n} X_{ij} W_{ij} \qquad (6-1)$$

其中，X_i 代表的是一级指标的数值，X_{ij} 代表二级指标的数值，W_{ij} 代表二级指标占一级指标的权重，j 代表二级指标所包含的项数。

最后，根据一级指标计算"两型"产业集群发展水平（RELQ），即用一级指标乘以它所占的权重进行加总：

$$RELA = \sum_{i=1}^{n} X_i W_i \qquad (6-2)$$

其中，RELQ 代表"两型"产业集群的发展水平，X_i 代表一级指标值，W_i 代表二级指标所占的权重，n 代表一级指标的项数。

（2）"两型"产业集群发展水平的等级确定

根据上述测度指标，以指数的最高值、平均值和最低值作为分级评价基础，并参照国内外各种综合指数的分级方法，对计算结果进行等级标准划分，具体涵义与确定依据分别如下：

A 等级：0.90—1.00，代表高级水平的"两型"产业集群发展阶段；

B 等级：0.80—0.89，代表较高水平的"两型"产业集群发展阶段；

C 等级：0.70—0.79，代表一般水平的"两型"产业集群发展阶段；

D 等级：0.00—0.69，代表低水平的"两型"产业集群发展阶段。

6.1.2　长株潭"两型"社会试验区产业集群发展现状测度

根据上述测度指标体系，本书将对长株潭地区"两型"产业集群的发展状况进行测度，首先将长株潭地区"两型"产业集群的各项指标实际值与"两型"产业集群测度指标等级标准进行对比，得出各项指标的等级评定结果之后，最终确定出长株潭城市群"两型"产业集群所处的发展阶段。

长株潭城市群自 2007 年被确立为"两型"社会建设试验区以来，经过 6 年的建设，已取得了一定的成绩和经验。本书依据"两型"产业集群的测度指标，对该目标区域"两型"产业集群进行测度。由于湘潭市部分数据不可得，本书仅对长沙、株洲 2008—2012 年五年的"两型"产业集群发展水平进行测度，结果如表 6 - 2 和表 6 - 3 所示：

表 6 - 2　2008—2012 年长沙"两型"产业集群的测度指标值

指标　　　　年度	2008	2009	2010	2011	2012
单位 GDP 能耗	0.886	0.846	0.826	0.64	0.601
单位 GDP 电耗	0.0458	0.0416	0.0353	0.0356	0.0319
规模工业增加值能耗	0.74	0.6	0.48	0.41	0.38
单位 GDP 工业废气排放量	0.1599	0.1420	0.1379	0.1819	0.08547
单位 GDP 工业废水排放量	1.2609	0.9950	0.9536	0.7209	0.5902
工业固体废物循环利用率	0.8965	0.9062	0.9973	0.9842	0.9150
园林绿化覆盖率	0.32	0.33	0.32	0.30	0.29
LQ 系数	2.26	2.54	2.14	2.34	2.62
"两型"产业集群发展水平	0.80	0.85	0.81	0.85	0.91

数据来源：根据 2009 - 2013 各年份《长沙统计年鉴》、《湖南统计年鉴》计算整理而得。

表6-3 2008—2012年株洲"两型"产业集群的测度指标值

年度\指标	2008	2009	2010	2011	2012
单位 GDP 能耗	1.39	1.315	1.272	0.964	0.903
单位 GDP 电耗	0.10163	0.9748	0.09644	0.0718	0.06463
规模工业增加值能耗	1.54	1.23	0.99	0.67	0.55
单位 GDP 工业废气排放量	0.62	0.595	0.495	0.71	0.72
单位 GDP 工业废水排放量	8.87	8.65	6.55	4.57	3.64
工业固体废物循环利用率	0.784	0.806	0.826	0.83	0.89
园林绿化覆盖率（%）	39.38	40.3	42.41	42.65	41.4
LQ 系数	2.03	1.92	1.77	1.71	1.70
"两型"产业集群发展水平	0.63	0.58	0.65	0.68	0.70

数据来源：根据2009-2013各年份《株洲统计年鉴》、《湖南统计年鉴》计算整理而得。

表6-2和表6-3分别代表根据"两型"产业集群测度指标体系计算的长沙、株洲2008—2012年的"两型"产业集群发展水平。从结果来看，长沙的"两型"产业集群发展水平近三年来不断提高，2008—2011年均处于"两型"产业集群的较高阶段，2012年的"两型"产业集群发展水平进一步提升，进入A等级。与长沙相比，株洲的"两型"产业集群发展水平则低很多，2008—2011年处于D等级，2012年有所改善，进入C等级。未来株洲应尽快建立"两型"产业体系，降低单位GDP能耗，解决废水废气排放问题，加大环境污染治理，以提升"两型"产业集群水平，促进经济健康快速发展。

6.2 长株潭金融发展与"两型"产业集群发展互动的实证研究

由前文的理论分析可知，产业集群的形成与发展离不开金融的大力支持，金融发展水平对"两型"产业集群的形成与发展起着至关重要的作用，区域内产业集群的资金需求与金融服务将随着集聚区内产业规模与实力的扩张而不断增大，迫切需要相应的金融产业体系进行配套支持。同时，产业集群的发展也能通过企业微观主体的选择、行业发展带动金融发展。近年来，也有越来越多的学者开始关注金融与产业发展之间关系的问题，大量学者在金融发展与集群发展的关系领域做了较多的实证研究，大部分结果认为金融发展能有效促进产业集群形成与发展。但相关研究对产业聚集程度与金融水平之间互动关系的检验，尤其是对长株潭地区的金融发展和产业集群发展的研究尚属空白。基于此，本书运用计量经济学方法对长株潭地区的金融发展和"两型"产业集群发展之间的关系进行实证研究，以深入探讨长株潭地区"两型"产业集群发展与金融发展的互动机理。

6.2.1 指标选取与数据来源

1. 金融发展指标的测度

考虑到衡量金融发展指标的多样性与数据的可得性，同时为了检验结论的可靠性，本书采用两个指标来测度长株潭地区的金融发展水平：金融相关率指标、金融效率指标。其中，金融相关率（FIR）是最早由 Goldsmith（1969）提出的用来衡量一个地区金融发展程度的指标，即某一时点上现存金融资产总额与国民财富之比。但出于数据的可得性和计算简便性的考虑，实证研究中通常将其转化为狭义金融资产与 GDP 的比率。本书采用长株潭各地区的全部金融机构存贷款之和与 GDP 的比值作为金融相关率指标的测量。

2. 产业集群指标的测度

由于"两型"产业集群的测度体系中所需部分原始数据不可得，本书采用区位熵指数 LQ 来替代用以衡量和测算长株潭地区"两型"产业集群程度。具体公式为：

$$LQ_{mn} = \frac{X_{mn}/X_n}{X_m/X} \qquad (6-3)$$

上式中，m 为行业数量；n 为第 n 个地区，X_{mn} 表示第 n 个地区第 m 个产业的产值，X_n 表示第 n 个地区的全部工业总产值，X_m 代表第 m 个行业的全国总产值，X 代表全国工业总产值。一般认为，对于任意 m、n，若 $LQ > 1$，表

示第 m 个产业在第 n 个地区的专业化水平高于该区域的平均水平，则该产业在该区域内具有比较优势，体现了该产业具有较强的竞争力。本书首先测算出长株潭地区近十年来所有行业的 LQ_{mn} ，将 $LQ_{mn} > 1$ 的优势产业加总，取其平均值作为该地区的区位熵。

3. 数据来源及描述统计

本书数据来源于 2001—2011 年的《湖南省统计年鉴》、《长沙市统计年鉴》、《株洲市统计年鉴》、《湘潭市统计年鉴》、《中国统计年鉴》以及各年度的湖南省统计公报和长株潭各地区统计公报。根据相关统计数据，2000—2010 年间长株潭地区的金融发展水平与区位熵情况等数据的描叙性统计如表6-4 所示。

从金融发展指标来看，长株潭三市的金融发展水平相对稳定，变化幅度不大，但各地区的发展综合水平存在显著差异；长沙市的金融相关率和金融效率两个指标显著高于株洲市和湘潭市。从区位熵指标来看，整体而言，长株潭产业集群程度较高；在地区层面存在一定差异，长沙市、株洲市的产业集群程度显著高于湘潭市。

表6-4　各变量的描叙性统计

变量	均值	标准差	最大值	最小值	观测个数
LQ	2.19	0.37	2.99	1.57	30
FIR	0.70	0.44	1.02	0.45	30

注：FIR——金融相关率，LQ——区位熵。

6.2.2　金融发展与长株潭"两型"产业集群发展的互动研究

1. 模型的建立

本书的研究目的在于检验长株潭地区金融支持对产业集群发展的影响。以金融发展水平 FD 作为解释变量，区位熵 LQ 作为被解释变量，构建二者之间的模型如下：

$$LQ_{it} = c + \alpha FD_{it} + \varepsilon_t \tag{6-4}$$

$$FD_{it} = c + \alpha LQ_{it} + \varepsilon_t \tag{6-5}$$

其中，i 代表长株潭各市，t 表示年份，LQ 为区位熵，FD 为金融发展水平，c、α 为待估参数，ε_t 为随机干扰项。

面板数据可采用混合最小二乘法、固定效应（Fixed Effect）和随机效应（Random Effect）三种估计方法。其中，若选择固定效应模型，则利用虚拟变量最小二乘法（LSDV）进行估计；若选择随机效应模型，则利用广义最小二乘法（FGLS）进行估计，以充分利用面板数据的优点，尽量减少估计误差。上述三种方法的选择需要借助于 F 检验、LM 检验和 Hausman 检验。

2. 单位根检验

为防止虚假回归或伪回归，应先对数据进行单位根检验，以检验数据的平稳性。如果数据序列是非平稳的，则直接的回归分析可能产生虚假结果。面板单位根检验主要有 LLC 检验、IPS 检验、Fisher-ADF 和 Fisher-PP 检验，本书采用 Fisher-ADF 单位根检验法对各变量进行单位根（Fisher-ADF）检验，以确定变量及样本数据的平稳性，统计结果如表 6 – 5 所示：

表 6 – 5　各变量对数值的单位根检验

变量	ADF 统计值	5% 临界值	是否平稳
LQ	− 0. 78	− 3. 58	否
DLQ	− 4. 62	− 1. 95	是
FF	− 2. 00	− 2. 00	是

3. 回归结果分析

（1）长株潭金融发展对产业集群的影响。利用样本数据，分别采用混合最小二乘法、固定效应和随机效应三种模型对金融效率指标（JRXL）和代表长株潭产业集群发展的区位熵（LQ）进行估计，结果如表 6 – 6 所示：

表 6 – 5　金融发展对产业集群影响的估计与检验结果

	OLS	FE	RE
FD	0. 5147 *	0. 5127	0. 5147 *
	(0. 2301)	(0. 2371)	(0. 2366)
截距 C	− 0. 0518	− 0. 0517 *	− 0. 0517 *
	(0. 0597)	(0. 0524)	(0. 0524)
R^2	0. 1667	0. 1893	0. 1667
调整后的 R^2	0. 1334	0. 1836	0. 1334

注：括号内数值为标准差，＊是指在 5% 水平上显著，＊＊是指在 1% 水平上显著。

然后分别进行 F 检验、LM 检验和 Hausman 检验来选择最终的实证模型，检验过程如下：

①以 F 统计量检验决定是建立混合回归模型，还是个体固定效应回归模型。

H_0：模型中不同个体的截距相同（真实模型为混合回归模型）

H_1：模型中不同个体的截距项不同（真实模型为个体固定效应回归模型）

F 统计量定义为：$F = \dfrac{(SSE_r - SSE_u) \big/ [(NT-k-1)-(NT-N-k)]}{SSE_u \big/ (NT-N-k)} = \dfrac{(SSE_r - SSR_u) \big/ (N-1)}{SSE_u \big/ (NT-N-k)}$

其中，SSE_r 表示约束模型，即混合估计模型的残差平方和，SSE_u 表示非约束模型，即个体固定效应回归模型的残差平方和。

经计算，$F = 0.3211 < F_{0.05}(2,26) = 3.37$，因此，接受原假设，选择混合回归模型更合理。

②以 LM 统计量检验决定是建立混合回归模型，还是个体随机效应模型。

$$LM = \dfrac{NT}{2(T-1)}\left[\dfrac{T^2 \hat{u}' \hat{u}}{\hat{u}' \hat{u}} - 1\right]^2 = \dfrac{3 \times 10}{2 \times 9}\left[\dfrac{10^2 \times 0.2632}{1.8042} - 1\right]^2 = 307.72$$

由于 $LM = 307.73 > \chi^2_{0.05(1)} = 3.84$，所以拒绝原假设，结论是应建立个体随机效应模型。

③利用 Hausman 统计量检验来决定选用个体随机效应回归模型或是个体固定效应回归模型。运用 Eviews 软件操作可得检验结果如下：

表 6-6 估计的 Hausman 统计量检验结果

Test Summary	Chi-Sq. Statistic	Chi-Sq. d. f	Prob
Cross-section random	0.0172	1	0.8956

根据上表中的估计与检验结果，F 检验拒绝原假设，应选用混合回归模型；$LM = 307.72 > \chi^2_{0.05(1)} = 3.84$，所以拒绝原假设，因此，2001—2010 年间长株潭地区产业集群发展与金融发展水平之间的关系应选择建立个体随机效应模型。Hausman 统计量的值是 0.0172，相对应 p 值为 0.8956，接受原假设，建立个体随机效应模型，相应的参数估计值分别为 1.6128。

结果表明，以金融相关率代表的金融发展水平对长株潭地区产业集群发展影响的估计系数约为 0.5147，且在 5% 水平下显著，意味着金融发展对长株潭产业集群发展有积极影响，且影响程度较高。

（2）长株潭产业集群发展对金融发展的影响。利用样本数据，同样分别采用混合最小二乘法、固定效应和随机效应三种模型对金融发展水平（FD）和代表长株潭产业集群发展的区位熵（LQ）进行估计，并进行 F 检验、LM 统计检验和 Hausman 检验，汇总结果如下表所示：

表 6－7　产业集群对金融发展影响的估计与检验结果

	OLS	FE	RE
LQ	0.3240 *	0.3295 *	0.3240 *
	(0.1448)	(0.1523)	(0.1505)
截距 C	0.0369	0.0329	0.0369
	(0.0406)	(0.0422)	(0.0422)
R^2	0.1667	0.1723	0.1667
调整后的 R^2	0.1334	0.0644	0.1334
F 检验及 p 值		0.0777	
		(0.9255)	
H 检验及 p 值			0.0536
			(0.8169)

$$LM = \frac{NT}{2(T-1)}\left[\frac{T^2\bar{\hat{u}}'\bar{\hat{u}}}{\hat{u}'\hat{u}} - 1\right]^2 = \frac{3 \times 10}{2 \times 9}\left[\frac{10^2 \times 1.0907}{1.0907} - 1\right]^2 = 16335$$

同理，用 F 检验、LM 以及 Hausman 检验确定模型选择，最终应选择随机效应模型。结果表明，该地区产业集群发展水平对区域金融发展起到了显著的正向促进作用，其影响系数为 0.3240。

6.2.3　实证结论分析

本书选用金融相关率、金融效率两个指标对金融发展水平进行衡量，选用区位熵测度产业集群的发展程度，并依据 2001—2010 年间长株潭地区的相关统计数据，计算出具体指标数值。从数据来看：产业集群方面，长株潭地区的金融发展水平相对稳定，产业集群程度较高，其中，长沙的集群水平高于株洲,而株洲的集群水平高于湘潭。但从趋势上看,株洲与湘潭的产业集群水平有下降的趋势,究其原因,可能是株洲与湘潭是老工业基地,在21世纪初,其产业竞争力相对较高,而随着经济模式转型、"两型"社会的建设,该区域的部分产业竞争优势减弱,导致集群程度降低。金融发展方面,不论从金融相关率还是金融效率方面来看,长沙都处于相对较高的水平,而与之相比,株洲与湘潭的金融发展水平则差距较大。这可能是因为,长沙作为省会所在地,集聚了相对丰裕的金融资源,金融体系相对完善,各项制度建设更加先进,从而使得企业融资渠道相对丰富,金融活动更为活跃。

利用样本区间长株潭各地区的金融发展水平和产业集群度组成的面板数据,本书实证分析了长株潭各地区产业集群和金融发展水平的关系。结果显示,长株潭地区金融发展水平对产业集群产生的影响较大且显著,反过来,该地区产业集群的发展又对金融发展产生了较大的带动作用。

基于以上分析,长株潭地区产业集群的发展离不开金融产业的发展,应在提高金融发展水平的基础上,更加注重发挥金融作为服务产业对产业集群的支持力度;而产业集群的发展对金融服务提出的新的需求而对金融发展起到带动作用是明显的,但综合来看,从金融发展水平的综合指标和产业集群的变化状况分析,长株潭地区的金融发展对于产业集群的促进和支持作用并未得到较好实现,集群发展对金融发展的促进也没有很好的体现,原因可能在于该地区的金融服务并未能根据集群的需求创新金融产品与服务,并未能有效满足集群发展的金融需求。

6.3 长株潭地区不同金融渠道对"两型"产业集群的影响分析

在金融发展与长株潭地区"两型"产业集群发展的理论与实证研究的基础上,本书拟继续从非正规金融与正规金融的视角来深入研究金融对长株潭地区"两型"产业集群发展的支持情况,从实证的角度进行定量研究。运用面板数据模型对长株潭地区正规金融、非正规金融与"两型"产业集群关系进行实证研究,以期为长株潭地区金融体系与产业集群的协调发展提供一定的参考。

6.3.1 测度指标与数据来源

1. 正规金融指标的测度

正规金融反映的是企业从正规金融渠道所获得的资金扶持程度。代表正规金融发展水平的指标有很多，如金融相关率指标、金融效率指标等。本书采用长株潭各地区的全部金融机构存贷款之和与 GDP 的比值作为金融相关率指标的测量。

2. 非正规金融指标的测度

非正规金融指的是游离于国家经济金融法律法规规范和保护之外，且不受政府金融监管当局直接控制和监管的金融活动，包括分散、无组织地发生于非金融企业之间、企业或民间组织与居民之间以及居民相互之间的各种资金借贷活动，在现有文献中，有学者用民间借贷利率水平（钱水土，2009）、金融相关系数法（李建军，2005）等指标等进行过非正规金融水平的测算，但目前对非正规金融规模的测算尚缺乏统一标准。

根据数据的可得性，本书采用各地区全社会固定资产投资中其他投资的占比来代表当地的非正规金融发展规模。选取该指标的理由在于：固定资产投资的资金来源有国家预算内资金、国内贷款、外资、自筹资金、其他资金五类，虽然其他类的来源包括债券、拨入资金等正规金融，但湖南地区企业发行债券较少，占比并不大，因此，采用各地区全社会固定资产投资中其他投资的占比来代表当地的非正规金融发展规模指标能较大程度上反映该地区的非正规金融水平。

3. 产业集群指标的测度

对于产业集群的测度方法有很多种，大多数学者采用区位熵指数来测度产业集群的集聚程度，即当某产业的区位熵大于某门槛值，就意味着该产业在该区域专业化水平高于该区域的平均水平，更有可能形成产业集群。因此，本书采用区位熵指数 LQ 来衡量和测算长株潭地区产业集群发展程度，具体公式为：

$$LQ_{mn} = \frac{X_{mn}/X_n}{X_m/X} \tag{6-5}$$

上式中，m 表示行业；n 表示地区，X_{mn} 表示第 n 个地区的第 m 个产业的就业人数。一般认为，$LQ>1$，则第 m 个产业在第 n 个地区的专业化水平高于该区域的平均水平，表明该产业在该地区内具有比较优势，显示出该产业具有较强的竞争力。考虑数据的可获得性，本书选用长株潭地区近 10 年来的各行业生产总值来计算各地区的区位熵，选择其中大于 1 的产业，取其平均值计算得到长株潭各地区的区位熵。

考察的样本区间为 2001—2010 年，所选数据来源于《湖南统计年鉴》（2002—2011）、《湖南省经济社会发展六十年统计汇编》以及《长沙统计年鉴》（2002—2011）、《株洲统计年鉴》（2002—2011）、《湘潭统计年鉴》（2002—2011）。

根据统计数据，2001—2010 年间长株潭地区产业集群、正规金融与非正规金融发展情况如表 6-8 所示：

表 6-8　2001—2010 年间长株潭地区产业集群、正规金融与非正规金融发展情况

指标 年份	产业集群（LQ）			正规金融（FF）			非正规金融（IF）		
	长沙	株洲	湘潭	长沙	株洲	湘潭	长沙	株洲	湘潭
2001	2.50	2.60	1.57	2.42	1.25	1.28	0.17	0.14	0.15
2002	2.99	2.76	1.99	3.00	1.36	1.33	0.19	0.12	0.08
2003	2.57	2.86	1.98	3.48	1.45	1.52	0.19	0.16	0.05
2004	2.83	2.19	1.84	3.44	1.40	1.37	0.19	0.22	0.20
2005	2.14	2.36	1.98	2.88	1.33	1.39	0.14	0.18	0.14
2006	2.29	2.14	1.92	2.93	1.31	1.43	0.14	0.18	0.12
2007	2.15	2.07	1.89	2.85	1.24	1.39	0.19	0.12	0.12
2008	2.26	2.03	1.80	2.46	1.22	1.33	0.14	0.18	0.10
2009	2.54	1.92	1.87	2.81	1.38	1.52	0.19	0.10	0.15
2010	2.14	1.77	1.70	2.81	1.33	1.46	0.24	0.15	0.24

注：FF——正规金融，IF——非正规金融，LQ——区位熵。

从表 6-8 可看出，长株潭地区整体产业集群程度较高，但不同城市的产业集群程度存在差异。其中，长沙的产业集群程度略高于株洲，而湘潭的集群程度则明显低于长沙和株洲。此外，正规金融方面，长沙市作为长株潭城

市群发展的领头羊,长沙地区正规金融的规模及大部分年份的非正规金融均高于株洲与湘潭;非正规金融作为民营经济融资的重要渠道。2010年,长沙、湘潭两地的非正规金融占整体金融规模高达24%,充分体现了非正规金融对正规金融的补充作用。

6.3.2 模型设定与检验

借鉴相关研究成果,并结合长株潭地区的具体情况,本书以长株潭地区正规金融FF、非正规金融IF为自变量,长株潭地区产业集聚度LQ为因变量,构建三者之间的模型如下:

$$LQ_{it} = \alpha_i + \sum_j \alpha_j FF_{jit} + \sum_j \beta_j IF_{jit} + \varepsilon_i \qquad (6-6)$$

其中,i代表长株潭各市,j表示年份(2000—2010);LQ为区位熵,FF为正规金融发展水平,IF为非正规金融发展水平,ε_i为随机干扰项。

1. 单位根检验

为防止虚假回归或伪回归,应先对数据进行单位根检验,以检验数据的平稳性。如果数据序列是非平稳的,则直接的回归分析可能产生虚假结果。面板单位根检验主要有LLC检验、IPS检验、Fisher-ADF和Fisher-PP检验,本书采用Fisher-ADF单位根检验法对各变量进行单位根(Fisher-ADF)检验,以确定变量及样本数据的平稳性,统计结果如表6-9所示:

表6-9 各变量对数值的单位根检验

变量	ADF 统计值	5% 临界值	是否平稳
LQ	-0.78	-3.58	否
DLQ	-4.62	-1.95	是
FF	-2.00	-2.00	是
IF	-0.68	-2.97	否
DIF	-2.05	-1.95	是

从表6-9可知,被解释变量LQ和解释变量非正规金融IF的原始数据是非平稳的,而它们的一阶差分均在5%显著水平上平稳,说明它们都是一阶单整时间序列;正规金融FF是平稳数据。

2. 回归模型的估计与检验

根据面板数据的分析方法，当原始数据不是同阶平稳数据时，应对其所有序列数据进行差分，得到了同阶平稳数据，本书对原始数据进行差分，并对变换后的序列直接进行回归。

面板数据的实证通常有混合最小二乘法（OLS）、固定效应（FE）和随机效应（RE）三种模型可以选择，具体的选择方法应根据样本数据的情况和回归的结果进行分析。具体的选择过程是：（1）以 F 统计量比较混合回归模型与固定效应模型，原假设为混合回归模型是可以接受的；（2）以 Lagrange 乘数 LM 检验统计量比较混合回归模型与随机效应模型，原假设为混合估计模型；（3）以 Hausman 检验比较固定效应模型与随机效应模型，原假设为随机效应模型的假设得到满足。本书运用 Eviews 6.0 软件对数据进行回归，回归的结果如表 6-10 所示：

表 6-10　正规金融（FF）、非正规金融（IF）对长株潭产业集群（LQ）影响的估计结果

	OLS	FE	RE
FF	0.608876* (2.909988)	0.605567* (2.794044)	0.608876* (2.8157518)
IF	−2.458383* (−2.66690)	−2.406242* (−2.519743)	−2.458383* (−2.582631)
截距 C	−0.38232* (−0.831809)	0.038488 (−0.810209)	0.38232* (−0.804871)
R²	0.357451	0.370912	0.357451
调整后的 R²	0.303905	0.256532	0.303905

注：括号内数值为标准差，* 是指在 5% 水平上显著。

针对模型进行 F 统计及 Hausman 检验，其结果如下所示：

表 6-11　LR 检验结果

Effects Test	Statistic	d. f.	Prob.
Cross-section F	0.235372	(2, 22)	0.7922
Cross-section Chi-square	0.571637	2	0.7514

表 6 – 12　Hausman 统计量检验结果

Test Summary	Chi-Sq. Statistic	Chi-Sq. d. f	Prob
Cross-section random	0.470744	2	0.7903

LM 统计量如下所示：

$$LM = \frac{NT}{2\ (T-1)}\left[\frac{T^2\overline{\hat{u}}'\overline{\hat{u}}}{\hat{u}'\hat{u}} - 1\right]^2 = \frac{3\times10}{2\times9}\left[\frac{10^2\times0.0557}{1.7853} - 1\right]^2 = 994.05$$

$$\chi_{0.05(1)} = 3.84$$

表 6 – 12 的方程分别是用混合模型、固定效应模型及随机效应模型的估计结果。从检验结果看，*F* 检验接受了原假设，混合效应模型可以接受；Hausman 检验接受了原假设，即随机影响模型中个体影响与解释变量不相关，可以将模型设定为随机模型。而随机效应与混合效应模型的统计值 *LM* 的统计结果显示 $LM = 994.05 > \chi^2_{0.05(1)} = 3.84$，所以拒绝原假设，结论是应建立个体随机效应模型。

从模型的结果来看：长株潭地区的正规金融增长水平对产业集群的发展有较大的正向促进作用，贡献率为 60.88%；而非正规金融增长与产业集群发展水平之间呈现明显的负相关关系，且非正规金融的负向影响大于正规金融的正向促进。

6.3.3　实证结论

本书根据 2001—2010 年间长株潭地区的面板数据，利用面板数据检验及回归模型等计量方法，对长株潭地区正规金融、非正规金融与产业集群发展的关系进行了实证研究，得到以下结论：（1）近年来长株潭地区的产业集群程度较高，且呈逐年递增的趋势，但增幅有一定程度的波动，地区内正规金融规模明显高于非正规金融，非正规金融在长株潭地区金融市场中具有重要地位。（2）实证检验结果显示，2001—2010 年期间，正规金融对长株潭地区产业集群发展具有长期稳定的促进作用，但是非正规金融与该地区产业集群的发展之间呈现负相关关系。

从常理来看，非正规金融作为正规金融的有效补充，为集群内企业尤其是中小企业提供了很好的融资渠道，解决了融资难的问题，对产业集群的发展应有积极的促进作用，然而实证结论却与之相悖，导致上述现象产生的原因，笔者认为可从以下三个方面来分析：

第一，从实证的过程来看，由于数据是非同阶平稳数据，因而对数据进行了差分，在此基础上再进行了回归。因此，实证结论为非正规金融增长水平对产业集群增长有阻碍作用。导致非正规金融增长的原因正是因为正规金融发展不能有效满足市场需求而导致企业求助于非正规金融，企业处于对资金需求无法充分实现的状态下，集群增长受到阻碍。

第二，长株潭地区对非正规金融发展缺乏有效的监管机制，存在无序竞争，甚至扰乱了长株潭地区的金融秩序。

第三，长株潭地区正规金融的发展壮大可能对非正规金融产生挤压作用。根据相关资料，区域内各级市政府为缓解中小企业融资难的局面，强制正规金融机构进行不同程度的低利率信贷扩张，这对非正规金融必定产生一定程度的抑制和挤压效应，加之缺乏有效监管，民间资本的逐利性使得企业为了融资付出更高的成本，反而使得其对产业集群的发展产生了阻碍。

7 促进金融支持"两型"产业集群发展的建议

党的"十八大"将生态文明建设纳入"五位一体"总体布局,把节约资源和保护环境上升为基本国策,这对"两型"社会建设和"两型"产业集群的发展提出了更高的要求。作为经济增长的根本动力,产业经济的发展也应成为金融发展的着眼点。未来"两型"产业集群的发展离不开金融产业的支持,要实现"两型"产业集群的持续稳定发展,需要在提高"两型"产业体系发展水平和金融发展水平的基础上,注重发挥金融作为服务产业对"两型"产业集群的支持力度。

"两型"产业集群的发展包括从产品、技术、研发、品牌到网络、物流、营销、价值链等全方位的提升。金融体系需要金融市场、金融组织、金融产品与服务平台的支持,以资金供应商和综合服务商的双重身份,与"两型"产业集群内企业建立互利共赢的长期合作关系。金融体系推动产业集群发展的整体框架是要紧密跟随"两型"产业集群的发展路径,既要满足集群整体层面的金融需求,也要满足集群内企业个体层面的金融需求,切实进行金融服务与产品支持,做到把握经济趋势、洞悉行业发展态势、主动与集群和企业接轨、促进产业集群内企业的融合发展与转型提升。

7.1 完善"两型"产业集群的金融支持体系

7.1.1 完善"两型"产业集群支持的金融组织体系

在金融市场与组织体系的完善方面,结合第五章的具体分析,本书建议从以下五个方面加以考虑：

1. 充分发挥区域内城市商业银行对"两型"产业集群的支持作用

对于致力于服务地区内中小企业的城市商业银行而言，要立足自身的地缘优势及品牌效应，挖掘企业信息，充分发挥其在"两型"产业集群发展过程中的积极促进作用，结合"两型"产业集群企业的具体特点，合理降低集群内中小企业的信贷融资门槛，以较好地满足"两型"产业集群企业的各类金融需求，创造良好的金融环境。对于有些初创期的"两型"产业，群内企业本身并没有过多资金积累，企业的利润要么被用于企业发展，要么没有利润。没有流动性资金作为日常开支，企业很难维持生产，如研发投入大生物医药集群企业，更是需要银行机构的充分支持。

2. 规范发展融资性担保公司

由于"两型"产业集群具有地域聚集、行业特征明显等特点，信用担保公司可以获得通用性更强、变现能力更强的反担保资产，从而有效弥补其代偿风险及损失。可见，信用担保类机构在对"两型"产业集群提供金融支持的过程中具有巨大的作用空间，其发展潜力不容小视，亟待大力鼓励发展与扶持，以充分发挥对"两型"产业集群发展的贡献。但不容忽视的是此类信用担保机构快速发展可能面临的风险，包括自身组织建设中的运营风险以及所属行业特有的杠杆放大作用等。因此，应以审慎经营、持续发展的经营理念为基础，大力推广和重视风险控制与分散等措施，同时还要进一步明确其与政府、集群内企业、合作银行、行业协会等之间的关系，促成建立长期合作机制。

3. 大力发展金融租赁公司，鼓励发展创新类金融机构

对部分以生产大型设备为主要业务的"两型"产业集群（如工程机械类产业集群）而言，在地区内组建金融租赁公司，可以有效缓解集群内企业的融资需求，同时也对企业的技术提升与创新、生产流程再造、产品升级等起到极大的促进作用，其业务范围可适当扩展如杠杆租赁、回租租赁、委托租赁、风险租赁、项目融资租赁等。在新型金融机构发展方面，以民间资本为主要资金来源的小额贷款公司、村镇银行、消费金融公司以及新兴的社区银行都是有效的形式，它们资金来源的多元化、经营方式的多样化以及风险容忍度的差异性,都将有助于为"两型"产业集群提供金融服务与支持。

4. 积极引导私募股权投资基金对"两型"产业集群的进入

随着市场化改革的不断发展,私募市场的繁荣是未来经济社会发展的必然趋势,私募股权投资基金对"两型"产业集群发展的支持作用也应受到足够重视。具体来说,应逐步建立和完善以政府资金为引导、民间资金为主体的创业资金筹集机制和市场化的创业资本运作机制,鼓励风险投资和私募股权基金设立投资企业,为"两型"产业集群的发展提供有力支持。

5. 加大对集群内中介服务机构的培育力度

"两型"产业集群中的中介服务机构提供了信用担保、技术支持、市场开拓、信息咨询、国际合作、人才培训等多元化的全面服务,是"两型"产业集群成长与发展过程中不可或缺的重要力量。对集群内中介服务机构的培育与扶持主要有赖于地方政府,例如可通过划拨一定数量的财政资金作为中介机构的启动资金,支持此类机构的初期运转,在此类机构发展较为成熟后,政府即可在合适的时机选择退出。

7.1.2 积极创新面向"两型"产业集群的金融产品与服务模式

在金融产品与服务模式方面,鼓励金融机构积极创新,以满足不同产业类型、不同发展阶段的产业集群以及不同规模企业的金融产品和服务需求。

首先,要针对"两型"产业集群发展的金融需要,积极探索开发新型的金融产品与服务模式。具体而言,金融机构需要在银行贷款、银行承兑汇票、信用证等传统业务的基础上,紧密结合"两型"产业集群发展的实际金融需求,致力于提供综合性金融服务,包括投资银行、财务顾问、资信调查、管理咨询等。从发展路径角度看,"两型"产业集群在不同的升级路径中衍生的金融支持需求也大为不同,金融机构需要结合具体的升级路径,寻找契合路径特点的金融支持切入点。例如,部分企业在经营过程中,可能需要通过融资租赁的方式获得新的机器设备,或者在直接购买设备后试图通过设备质押以获得流动资金贷款,商业银行、信托公司等金融中介组织则应当主动挖掘"两型"产业集群内企业相应的金融需求,积极提供资产、负债类以及表外业务的支持,进而为"两型"产业集群的转型升级提供足够的产品和服务支撑。

其次，在创新金融产品与服务模式的同时，还要注重"两型"产业集群差异化战略的实施，这种差异化不仅体现不同行业、不同生命周期，而且体现在同一产业集群内的不同规模的企业。

基于本书第三章的分析，金融机构在对"两型"产业集群提供金融产品和服务时，应在分析集群内企业金融需求的同质性、关联与传播性、稳定性等特征的基础上，厘清不同行业的产业集群的不同需求，对于处于生命周期的产业集群也应注重分析其金融需求的发展现状和未来趋势。而对于同一集群内部的企业，应首先确定其行业地位、企业规模以及当前发展阶段等情况，明确其金融服务需求的类型，即生存性、扩张性、便利性、个性化等。在上述全面分析的基础上，最终为情况各异的不同产业集群和相关企业提供差异化和个性化的金融产品与服务。要引导金融机构针对同一集群内不同规模和地位的企业，针对不同的金融需求，提供量身定制的金融服务和产品。对于中小及微型企业，资金瓶颈是其发展面临的主要问题，信贷市场上以中小商业银行为主要支持主体的融资类的抵押担保支持将扮演重要角色。而对于大型企业而言，尽管融资问题仍然是其发展升级过程中的重要内容，但以产业整合、资产管理为主要内容的服务类金融支持则更为迫切。同时，还应注重对集群产业链的中小型配套企业发展的金融支持，扩展对集群内产业链上下游企业的金融关注与服务，使不同规模和地位的企业都能获得高效的资金支持和金融服务。

再次，要加大对"两型"产业集群内大型龙头企业的培育和支持力度，重视龙头企业对整个产业集群的带动和辐射作用，具体可通过两种方式进行：一是培育，即针对有潜力成为龙头的企业，对其开展兼并重组等业务提供资金支持；二是支持，即对现有的集群内龙头企业也要增大支持力度，鼓励企业进行技术改造，扩大集群规模。

7.2 拓宽适合"两型"产业集群融资的融资渠道

本书的实证研究结果显示，长株潭地区的非正规金融增长水平对该地区产业集群的发展产生了较大的正向促进作用，而非正规金融的增长与产业集群发展水平之间呈现出明显的负相关关系。导致上述现象产生的原因可能来自两个方面：一是长株潭地区对非正规金融发展缺乏有效的监管机制，存在无序竞争的情况，甚至扰乱了长株潭地区的金融秩序；二是长株潭地区正规金融的发展壮大可能对非正规金融产生挤压作用。根据相关资料，区域内各级市政府为缓解中小企业融资难的局面，强制正规金融机构进行不同程度的低利率信贷扩张，这对非正规金融必定产生一定程度的抑制，加上缺乏有效监管，民间资本的逐利性可能促使其对产业集群的发展反而产生阻碍。因此，在"两型"产业集群发展的过程中，应当均衡、协调发展集群所在区域的正规金融和非正规金融体系，消除不合理竞争和挤压，形成合力以实现对金融支持"两型"产业集群发展的促进。具体可从以下方面考虑：

7.2.1 积极发挥正规金融对"两型"产业集群的引导作用

作为我国金融体系的主导力量，正规金融在推进"两型"产业集群发展和区域经济增长方面发挥了显著作用，应从如下几个方面继续深化和促进正规金融的发展：首先，通过引进银行类金融机构、争取总行直贷、支持本地法人银行扩大资产规模等方式，有效扩大信贷增量，大力发展资本市场，鼓励上市公司并购重组，引导市场主体发行各类直接融资工具；其次，引导正规金融增加对"两型"产业集群内龙头企业的资金供给，因为只有资金实力雄厚的企业，才能进一步吸引配套产业集群发展，促进产业链的形成和完善；再次，加大对"两型"产业集群内中小企业的信贷规模与范围，充分发挥信贷员的作用，在建立有效的激励约束机制前提下，充分利用其掌握的信息，尽可能全面评估中小企业的信用状况以满足其资金需求，积极引导"两型"产业集群的良性、可持续发展。

7.2.2 发展和规范非正规金融

大量研究表明，以民间金融为代表的非正规金融在很大程度上满足了生存发展的资金需求，随着民间金融市场风险的频频爆发，国家对其监管愈加严格，已使其走在规范与"阳光化"的道路上。因此，要充分发挥民间金融对"两型"产业集群发展的促进和支持作用，必须进行适当的引导和规范，依据不同形式的民间金融活动，清晰界定其经营性质与风险，在规范其发展与完善的同时，也要进行严密监控，充分审视其中蕴含的风险。主要需要做到以下两点：

一是积极发展民间融资，并强化有效监管。在积极引导民间资本加大对实体经济发展的参与程度的同时，也应继续鼓励民间资本投资入股金融机构和参与金融机构重组改造。同时，还应加大对非正规金融的监管力度，综合运用法律、行政和经济手段进行综合治理与监管，建立多元化、有效的监管系统。对作为非正规金融主体的民间融资而言，探索建立民间融资监管体系，健全、完善相关的监管机制，加强监管协作，以确保民间融资的阳光化、规范化发展。强化民间金融组织的监督和管理，规范建设、发展正规的民间借贷登记服务中心等中介机构，积极通过试点的方式探索成立民间资本管理公司等类型的机构，以实现对民间金融规范发展的有效引导。

二是促进正规金融与非正规金融协调发展。对"两型"产业集群而言，随着集群的持续发展和壮大，集群规模和企业数量不断扩大，对金融服务需求也日益丰富和多元化，不仅需要正规金融提供相应的金融产品，也需要非正规金融的有效支持。因此，尽管正规金融在传统的金融市场体系中占据不可动摇的地位，但非正规金融仍能以其特有的优势而广泛存在，是金融市场体系的重要组成部分。作为两个相对平行的市场，正规金融与非正规金融既相互影响，同时也存在一定程度的交融，共同构成了包含不同层次的完备的金融市场，以实现对各层次金融需求的满足。尽管在部分领域可能存在一定程度的竞争，但事实上，双方有着各自稳定的有效需求群体，并不会产生恶性竞争的局面。二者不仅存在竞争关系，更重要的是非正规金融可在很大程度上弥补正规金融发展的不足，加大对区域产业集群发展与经济增长的资金供给和服务供给。因此二者的协调与配合显得尤为重要。具体而言，应鼓励和支持具备条件的民间资本依法发起设立中小型银行等金融机构，为实体经济提供必要的竞争性金融供给；推进设立金融租赁公司和消费金融公司，完善金融市场结构；设立信贷风险补偿基金，制定金融创新奖励办法，通过贴息支持、风险分担等机制引导金融机构加大对小微企业的支持力度；增强担保机构融资担保能力，探索设立再担保公司。

7.2.3 鼓励和扶持中小型金融机构服务集群企业

传统的正规金融机构以大型银行业金融机构、大型证券公司、保险公司为代表，而非正规金融体系则以中小型新型金融机构为主体，包括小额贷款公司、典当行、民间投资公司等。事实上，以中小型金融机构为主体的非正规金融体系对于活跃区域内的金融体系与环境、对"两型"产业集群的金融支持总量的提升都具有重大意义。同时，从金融发展水平来看，金融机构的数量和规模对金融发展综合水平具有显著影响。因此，在协调发展正规金融与非正规金融的过程中，应在控制风险的前提下，大力培育和扶持中小型金融机构，尤其是非正规金融体系内的中小型新型金融机构。

以长株潭地区为例，该区域的金融资产主要集中于大型国有银行，中小金融机构和区域性金融机构发展不足，导致企业融资渠道相对单一，中小企业融资难等。大力发展中小金融机构及区域性金融机构，有利于为该区域产业集群提供低成本的融资和高效率、个性化的金融服务。

7.3 建立促进"两型"产业集群发展的差别化金融政策体系

商业性金融追求利润最大化的经营目标和原则，其在"两型"产业集群的金融资源配置过程中所引发的资源配置倾斜与不公平等现象，客观上需要政府通过制定相关的金融政策加以引导和规范，以实现对"两型"产业集群发展的支持，同时保证政府经济职能的实现和宏观调控政策的有效实施，最终实现"两型"社会建设目标的顺利完成。

政府制定金融政策的最终目标是通过法律法规的强制性来弥补金融资源配置领域中市场机制的不足，克服市场失灵，促进经济的健康稳定发展。金融政策对"两型"产业集群建设与发展的引导作用主要通过以下两个途径来实现：一是通过差别化的金融政策，如信贷倾斜政策、利率政策、中央银行的信贷配给等对不同层次循环经济企业的发展进行支持，或直接干预金融机构的信贷活动，引导资金投向；二是政府针对"两型"产业集群的特点，通过完善金融法律法规体系，从根本上促进其健康、快速发展。

1. 建立金融机构加强对融资主体的筛选体系

金融机构应当为"两型"产业集群企业及项目制定差别化的金融服务政策，加强对融资主体的筛选，大力支持优势产业和"两型"产业集群的发展。为"两型"产业集群的发展提供金融支持不但会享受到颇多的政策倾斜和引导，同时也可充分发挥"两型"产业集群的良好经济外部效应，大大提高公共基础设施的利用效率，协助和支持集群内企业不断进行技术创新和产业升级，提高资源利用率，促进"两型"建设。对加强区域内优势产业的金融支持，如工程机械产业集群、汽车及零部件集群、轨道交通设备集群等，由于其已具备良好的基础，将更有利于经济的发展。此外，电子信息与新材料产业集群等战略新兴产业必然是未来经济发展的大方向，也是"两型"社会建设的突破点，也应加大对这类产业的金融支持。

以商业银行为例，可与银监局、人民银行进行协商，制定适用于"两型"产业项目的信贷政策，包括当前已兴起的绿色信贷政策，即是致力于"两型"产业及项目的新兴信贷体系。此外，政府及监管部门应当借鉴德国和日本对于环保设施项目以及循环经济产业施行专项金融政策的成功经验，设立单独的客户准入制度、信贷审批机制、风险容忍度、拨备覆盖率以及业务协同政策，制定相关信贷贴息办法和贷款的风险补偿办法，即对"两型"产业集群及集群内企业的信贷专营机构的风险信贷业务进行贴息或配套风险补偿金，且对商业银行针对"两型"产业集群内企业发放的创新性信贷提供风险补偿金。

2. 创新知识产权抵押、担保政策

政府可利用统筹"两型"产业集群的有利条件，探索建立实施知识产权的评估和交易平台，针对"两型"产业集群内企业的无形资产定价难的问题，采取制定合理的知识产权评估标准，以及明确的知识产权抵押、担保、质押等具体实施细则等方式予以解决。

3. 实施政府补贴政策

美国、日本、德国等国家在发展循环经济中的诸多实践与成功经验，值得我们认真学习，如美国国家环保局向设有资源回收系统的企业提供10% ~

90%的财政补贴；日本国会每年通过的与环境有关的预算超过10000亿日元；德国针对建造节能设施项目的建设费用补贴高达25%，对环保设施建设项目的补贴金额达总投资费用的1%。因此，实施优惠政策，努力营造金融支持的"洼地"效应，必然会对"两型"产业集群的发展产生极大的促进作用。

7.4　改善"两型"产业集群融资的外部环境

目前"两型"产业目前仍处于成长发展阶段，在"两型"产业集群的建设过程中遇到诸多障碍与阻力，其中以获取金融资源受限最为明显，逐渐演变为其发展瓶颈。随着金融市场的不断深化，在市场经济条件下一味地采用行政强制手段对金融市场进行干预，势必将会行之不远，同时强行扭曲市场机制将会带来更多深层次的问题，最好的办法是引导和强化金融基础设施建设，使市场机制更为有效地发挥作用。

因此，金融生态环境对"两型"产业集群的发展至关重要，只有加快改善"两型"产业集群的金融环境，才能有效配置"两型"产业集群的金融资源，引导资金的合理流入，从而扩大金融资产规模。

7.4.1　完善信用体系建设

首先，要实现资源信息的共享，完善金融信用体系建设。政府及各类金融机构应加强合作与交流，银行业金融机构要充分发挥和落实信贷登记咨询的作用，在行业内实现信贷信息共享。尤其针对"两型"产业集群内企业，要尝试建立和完善生产、经营和风险监测预警的分析制度，努力实现政府、监管部门、银行业金融机构与"两型"产业集群内企业之间的信息无阻碍流通，共同促进社会征信体系的建设，在实现监控、防范和化解集群内企业信贷风险的同时，最大限度地促进"两型"产业集群的稳健发展。

其次，应完善金融信用保障制度。以"两型"产业集群中的中小企业为例，建立相应的信用担保体系，创造有力的黏合条件，对于解决其融资困境和推进集群整体融资都大有裨益。建立与"两型"产业集群配套的信用担保体系，可通过三种途径实现：第一，政府增加资金投入，以一部分稳定的政府信用担保基金促进企业的信用保障体系建设；第二，开辟多渠道筹集担保资金，大力引进民间资金，引导成立多种形式的信用担保机构，提高非政府资金比例；第三，充分利用集群内企业之间较强的产业链关联性和地域根植的特点，鼓励以联保、互保的形式增强资金可获得性。

再次，信用体系的建设与完善需要政府以身作则，基于道德层面大力弘扬诚实守信的思想，加大对诚信建设的宣传和教育力度。同时，应尽快完成社会诚信的具体奖惩机制，对诚实守信者进行奖励，如在获取金融服务方面的优惠等，而对失信行为者则可采取经济处罚、行政处罚甚至追究法律责任等措施予以惩戒。此外，为个人和企业建立信用档案，建立信用记录体系，从而构建健全的个人信用、企业信用与政府信用有机组成的国民信用体系建立市场信用体系，以创造公平的竞争环境。

7.4.2 健全法律保障体系

在"两型"社会建设与"两型"产业集群发展的大背景下，传统经济发展模式受到了从理念到制度的冲击，此时，具有普遍性、权威性和强制性特征的法律体系无疑成为了保障经济改革方向和实际效果的最强有力的手段之一。由此可见，加强法律基础设施建设，健全资源环境保护的相关法律体系，依法促进"两型"产业集群的发展是当前以及未来经济社会发展的必然要求。事实上，通过立法的形式以保障和推进"循环经济"的发展已成为国际惯例。其中以德国和日本最为典型，都建立起了比较完整的循环经济法律体系。以欧洲循环经济发展水平最高的德国为例，该国通过的《循环经济和垃圾处理法》（1996年）是其循环经济发展的基础法律，并以此为基本框架，结合不同行业的具体特征，分别制定了相应的法规条例，如《废旧汽车处理条例》、《关于市政垃圾的填埋条例》等，使得循环经济的法规日趋完善。

"两型"产业的核心在于资源的充分利用，只有在资源利用的动态链条上的每一个环节都贯彻资源的减量化、再使用化和循环化的指导理念，才能切实保障"两型"产业对经济发展和资源环境保护的平衡作用。因此，为推进"两型"产业集群这一发展模式，我国也应建立以资源利用环节划分的综合法。同时，在综合法的背景下，还应制定各项子法，即针对"两型"产业集群中的资源或行业或产品专门制定的具体法律法规，如家电产品循环利用法、汽车循环利用法、容器包装循环利用法、食品材料循环利用法、绿色材料购置法、废弃物处理法等。从目前情况看，我国在这方面的立法是比较欠缺的，有必要针对家用电器、电子产品、汽车、建筑材料、产品包装、食品、有毒和危险化学品等大宗或比较特殊的废弃物的处理和回收利用制定专门的法律或法规，以弥补一些专门法律的不足。

以湖南省为例，应围绕"两型"产业发展、"两型"城市建设、"两型"农业、城乡统筹、生态建设、社会管理等重点领域，从激励"两型"、约束"非两型"的角度，抓紧研究出台相关政策措施，尽快出台支持长株潭试验区改革建设尤其是示范片区的支持政策，制定完善土地利用、产业发展、投融资、资源环境、招商引资、简政放权等方面的配套政策，加快形成保障有力的政策体系。同时，要加大省级财政支持力度，提供专项资金对"两型"社会建设的集中投放，并鼓励地方设立相应专项资金。建立完善政府"两型"采购制度，加大对"两型"产品、技术、产业、标准等发展和推广的引导支持力度，加强执法和监督工作，为推动试验区建设提供法治保障。

参考文献

［1］爱德华. S. 经济发展中的金融深化（中文版）［M］. 上海：三联书店，1992.

［2］蔡则祥. 金融结构优化论［M］. 中国社会科学出版社，2006.

［3］Aghion Philippe, Peter Howitt. Endogenous growth theory［M］. Cambridge, MA：MIT Press, 1998.

［4］Alex Hoen. Three variations on identifying clusters［R］. Oecd. org, April, 2000.

［5］Allen F, Qian J, Qian M. Building China's financial system in the 21st century：banks, markets, and beyond［J］. China's Economic Transition：Origins, Outcomes, Mechanisms, and Consequences, 2006.

［6］Ann Markusen. Sticky places in slippery space：a typology of industrial districts［J］. Economic Geography, 1996, 72（3）：293 – 313.

［7］Ciccone A, Hall R E. Productivity and the density of economic activity［R］. National Bureau of Economic Research, 1993.

［8］Antonio Ciccone. Agglomeration effects in Europe［J］. European Economic Review, 2002, 46（2）：213 – 227.

［9］Arestis P, Demetriades P O, Luintel K B. Financial development and economic growth：the role of stock market［J］. Journal of Money Credit and Banking, 2001, 33（1）：16 – 41.

［10］B. Clarke. Briefing：carbon critical design［J］. Proceedings of the ICE-Engineering Sustainability, 2010, 163（2）：57 – 59.

［11］Balta-Ozkan, Nazmiye, Elizabeth Baldwin. Spatial development of hydrogen economy in a low-carbon UK energy system ［J］. International Journal of Hydrogen Energy, 2013, 38（3）：1209 – 1224.

［12］Bernardo Giovanni, Simone D'Alessandro. Transition to sustainability? Feasible scenarios towards a low-carbon economy ［J］. MPRA Paper, 2014.

［13］Böhringer Christoph, Thomas F. Rutherford. Transition towards a low carbon economy：A computable general equilibrium analysis for Poland ［J］. Energy Policy, 2013,（55）：16 – 26.

［14］Carraro Carlo, Alice Favero, Emanuele Massetti. Investments and public finance in a green, low carbon economy ［J］. Energy Economics, 2012,（34）：15 – 28.

［15］Carvalho P, Marques R C. Economies of size and density in municipal solid waste recycling in Portugal ［J］. Waste Management, 2014, 34（1）：12 – 20.

［16］Catherine Beaudry, Peter Swann. Growth in industrial clusters：a bird's eye view of the United Kingdom ［J］. SIEPR Discussion Paper No. 00 – 38, 2001.

［17］Chery Long, Xiaobo Zhang. Cluster-based industrialization in China：financing and performance ［J］. Journal of International Economics, 2011, 84,（1）：112 – 123.

［18］Chikashi Kishimoto, Hurdles of Industrial Upgrading in Global Value Chains：a case of the Taiwanese PC industry ［J］. International Political Economy, 2002,（9）：47 – 67.

［19］Cowan R, Jonard N, Ozman M. Knowledge dynamics in a network industry ［J］. Technology Forecast Social Change, 2004, 71（5）：469 – 484.

［20］Dai Min, Meiling Hu, Yuhong Li. Transformation strategy of foreign trade growth mode in Jiangxi：based on low-carbon economy ［J］. Ibusiness, 2014, 6（1）：10 – 17.

［21］Debashis Acharya, S Amanulla, Sara Joy. Humanities and financial development and economic growth in Indian States: an examination [J]. International Research Journal of Finance and Economics, 2009, (24).

[22] Didar Singh. Financing export clusters—options and implications for strategy makers [C]. Executive Forum Consultation. Cape Town, South Africa, 2 – 4 May, 2006.

[23] Dou Xiangsheng. Low carbon economy development: China's pattern and policy selection [J]. Energy Policy, 2013 (63): 1013 – 1020.

[24] Duncan J. Watts. Networks, dynamics and the small-world phenomenon [J]. American Journal of Sociology, 1999, 105 (4): 493 – 527.

[25] Edward L. Glaeser, Joshua D. Gottlieb. The wealth of cities: agglomeration economies and spatial equilibrium in the United States [J]. NBER Working Paper No. 14806 Issued in March 2009.

[26] Eisenhardt K M, Galunic D C. Co-evolving: At last, a way to make synergies work [J]. Harvard Business Review, 2000, 78 (1): 91 – 102.

[27] Esso L J. Co-integrating and causal relationship between financial development and economic growth in ECOWAS countries [J]. Journal of Economics and International Finance, 2010, 2 (3): 36 – 48.

[28] Ferräo Paulo, et al. Environmental, economic and social costs and benefits of a packaging waste management system: a Portuguese case study [J]. Resources, Conservation and Recycling, 2014, 85 (4): 67 – 78.

[29] Ganda Fortune, Collins C. Ngwakwe. Strategic approaches toward a low carbon economy [J]. Environmental Economics, 2013, 4 (4): 46 – 55.

[30] Goldsmith Raymond, W. Financial structure and development [M]. New Haven: Yale University Press, 1969.

[31] Guryay E, Safakli O V, Tuzel B. Financial development and economic growth: evidence from Northern Cyprus [J]. International Research Journal of Finance and Economics, 2007, 8 (2): 57 – 62.

[32] Henderson J. Vernon, Shalizi Zmarak, Venables Anthony J. Geography and development [J]. Journal of Economic Geography, 2001, 1 (1): 81 – 105.

[33] Henk W. Volberda, Arie Y. Lewin. Co-evolutionary dynamics within and between firms: from evolution to co-evolution [J]. Journal of Management Studies, 2003, 40 (8): 2111 – 2136.

[34] Hosoda Eiji B. Recycling of waste and downgrading of secondary resources in a classical type of production model [J]. Journal of Economic Structures, 2012, 1 (1): 1 – 22.

[35] Hua-qing Wu, Yan Shi, Qiong Xia, Wei-dong Zhu. Effectiveness of the policy of circular economy in China: a DEA-based analysis for the period of 11th five-year-plan [J]. Resources, Conservation and Recycling, 2013, 83 (2): 163 – 175.

[36] Hubert Schmitz. Collective efficiency: Growth path for small-scale industry [J]. The Journal of Development Studies, 1995, 31 (4).

[37] Humphrey J, Schmitz H. How does insertion in global value chains affect upgrading in industrial clusters? [J]. Regional studies, 2002, 36 (9): 1017 – 1027.

[38] Iammarino S, McCann P. The structure and evolution of industrial clusters: transactions, technology and knowledge spillovers [J]. Research policy, 2006, 35 (7): 1018 – 1036.

[39] Jiangqing Ruan, Xiaobo Zhang. Finance and cluster-based industrial development in China [J]. Economic Development and Cultural Change, 2009, 58 (1): 143 – 164.

[40] Jouhtio M. Coevolution of industry and its institutional environment [J]. The Institute of Strategy and International Business in Helsinki University of Technology, 2006.

[41] Julie Hartman. Energy: U. K. report outlines policy for low-carbon economy [R]. Civil Engineering—ASCE, 2003, 73 (4): 27.

[42] Kei Gomi, Kouji Shimada, Yuzuru Matsuoka. A low-carbon scenario creation method for a local-scale economy and its application in Kyoto city [J]. Energy Policy, 2010, 38 (9): 4783 – 4796.

［43］ Kinnaman Thomas C. Determining the socially optimal recycling rate ［J］. Resources, Conservation and Recycling, 2014, 85（4）: 5 – 10.

［44］ Kuri B., Li F. Valuing emissions from electricity towards a low carbon economy ［J］. Power Engineering Society General Meeting, IEEE, 2005,（1）: 53 – 59.

［45］ Levine R. Finance and growth: theory and evidence ［J］. Handbook of economic growth, 2005,（1）: 865 – 934.

［46］ Levine R. The legal environment, banks, and long-run economic growth ［J］. Journal of Money, Credit & Banking（Ohio State University Press）, 1998, 30（3）.

［47］ Levine, R., S. Zervos. Stock markets, banks and economic growth ［J］. American Economic Review, 1998,（88）: 537 – 558.

［48］ Li Yajun, Yan Xia. DES/CCHP: The best utilization mode of natural gas for China's low carbon economy ［J］. Energy Policy, 2013（53）: 477 – 483.

［49］ Lu, Liang, Xiangtong Qi, Zhixin Liu. On the cooperation of recycling operations ［J］. European Journal of Operational Research, 2014, 233（2）: 349 – 358.

［50］ Lynn Mytelka, Fulvia Farinelli. Local clusters, innovation systems and sustained competitiveness ［J］. INTECH discussion paper series, 2000.

［51］ Majocchi A, Presutti M. Industrial clusters, entrepreneurial culture and the social environment: the effects on FDI distribution ［J］. International Business Review, 2009, 18（1）: 76 – 88.

［52］ Marques Rui Cunha, Nuno Ferreira da Cruz, Pedro Carvalho. Assessing and exploring（in）efficiency in Portuguese recycling systems using non-parametric methods ［J］. Resources, Conservation and Recycling, 2012（67）: 34 – 43.

［53］ Marshall, A. Principles of Economics ［M］. London: Macmillan Press, 1920.

［54］ Martin P, Ottaviano G I P. Growth and agglomeration ［J］. International Economic Review, 2001, 42（4）: 947 – 968.

[55] Maswana J C. China's financial development and economic growth: exploring the contradictions [J]. International Research Journal of Finance and Economics, 2008 (19): 89 – 101.

[56] Messner D, Meyer-Stamer J. Governance and networks. Tools to study the dynamics of clusters and global value chains [J]. Duisburg: INEF, 2000.

[57] Meyer L H. The present and future roles of banks in small business finance [J]. Journal of Banking & Finance, 1998, 22 (6): 1109 – 1116.

[58] Michael E. Porter. Competition [M]. China Citic Press, 2003.

[59] Modigliani F, Miller M H. The cost of capital, corporation finance and the theory of investment [J]. The American Economic Review, 1958, 48 (3): 261 – 297.

[60] Mundaca Luis, Anil Markandya, Jorgen Norgaard. Walking away from a low-carbon economy? Recent and historical trends using a regional decomposition analysis [J]. International Symposium on a Sustainable Future "Innovative Research & Action in Energy, Environment & Sustainable Development". International Journal for Sustainable Innovations, 2013, (10): 16 – 18.

[61] North Peter. "War Stories": Morality, curiosity, enthusiasm and commitment as facilitators of SME owners' engagement in low carbon transitions [J]. Geoforum, 2014, (52): 32 – 41.

[62] Ogarenko Iuliia, Klaus Hubacek. Eliminating indirect energy subsidies in ukraine: estimation of environmental and socioeconomic effects using input-output modeling [J]. Journal of Economic Structures, 2013, 2 (1): 1 – 27.

[63] P Li, et al. Network dynamics and cluster evolution: changing trajectories of the aluminum extrusion industry in Dali, China [J]. Journal of Economic Geography, 2012, 12 (2): 127 – 155.

[64] Shukla P R, Dhar S, Fujino J. Renewable energy and low carbon economy transition in India [J]. Journal of Renewable and Sustainable Energy, 2010, 2 (3): (031005) 1 – 15.

[65] Patrick H T. Financial development and economic growth in underdeveloped

countries［J］. Economic Development and Cultural Change, 1966: 174 – 189.

［66］Paul R. Krugman. Geography and trade［M］. The MIT Press, 1991.

［67］Pelaez-Samaniego, Manuel Raul, et al. Production and use of electrolytic hydrogen in Ecuador towards a low carbon economy［J］. Energy, 2014（64）: 626 – 631.

［68］Pi-feng Hsieh, Yan-Ru Li. A cluster perspective of the development of the deep ocean water industry［J］. Ocean &Coastal Management, 2009, 52 （6）: 287 – 293.

［69］Philippe Martin, Thierry Mayer, Florian Mayneris. Public support to clusters: a firm level study of French "local productive systerms"［J］Regional Science and Urban economics, 2011, 41（2）: 108 – 123.

［70］Porter M E. Clusters and the new economics of competition［M］. Boston: Harvard Business Review, 1998, 76（6）: 77 – 90.

［71］Rajan R G, Zingales L. Financial dependence and growth［R］. National Bureau of Economic Research, 1996.

［72］Ronald I. McKinnon. Money and capital in economic development［M］. Brookings Institution Press, 1973.

［73］S Fabiani, G Pellegrini, E Romagnano, L F Signorini. Efficiency and Localization: the case of italian districts the competitive advantage of industrial districts［M］. Germany: CUHK Libraries, 2000.

［74］Sam Nader. Paths to a low-carbon economy—the masdar example［J］. Energy Procedia, 2009, 1（1）: 3951 – 3958.

［75］Shang H. Recycle economy in industry aggregation: a view of institutional supply［J］. Journal of Sustainable Development, 2008, 1（1）.

［76］Stem, Nicholas. Stern review on the economics of climate change［D］. London: Cambridge University, 2007: 93 – 105

［77］Stewart C. Myers. The capital structure puzzle［J］. The Journal of Finance, 1984, 39（3）: 574 – 592.

［78］Tan Lingling, Chuangeng Liu. Decision-making model of low-carbon economy ［J］. Procedia Engineering, 2012（37）：96 – 100.

［79］Tichy G. Clusters: less dispensable and more risky than ever ［J］. Clusters and Regional Specialization, 1998：211 – 25.

［80］Weber Alfred. Theory of the location of industries ［M］. University of Chicago Press, 1929.

［81］Wong A, Thou X. Development of financial market and economic growth: review of Hong Kong, China, Japan, The United States and The United Kingdom ［J］. International Journal of Economics & Finance, 2011, 3（2）.

［82］Xiao-jing Guo. The influence of low-carbon economy on global trade pattern ［J］. Physics Procedia, 2012（25）：1676 – 1681.

［83］Xu Min, Weihong Han. Pathways to a low-carbon economy for Inner Mongolia ［J］. China. Procedia Environmental Sciences, 2012（12）：212 – 217.

［84］Xu Z. Financial development, investment, and economic growth ［J］. Economic Inquiry, 2000, 38（2）：331 – 344.

［85］Y Kajikawa, et al. Multiscale analysis of interfirm networks in regional clusters ［J］. Technovation, 2010, 30（3）：168 – 180.

［86］Yukihara Tatsuto, Quan Bai. Development of low carbon economy in China ［J］. Economic Research Center Discussion Paper. n. E14 – 1, 2014.

［87］Z. H. Bo, M. Nie. Research on the reciprocity of social capital and industry cluster（Periodical style）［J］. Science & Technology Progress and Policy, 2004. 10.

［88］Zhang X. Finance and cluster-based industrial development in China ［M］. International Food Policy Research Institute, 2008.

［89］Zhuang G. How will China move towards becoming a low carbon economy? ［J］. China & World Economy, 2008, 16（3）：93 – 105.

［90］A. S. Dagoumas, T. S. Barker. Pathways to a low-carbon economy for the UK with the macro-econometric E3MG model ［J］. Energy Policy, 2010, 38（6）：3067 – 3077.

［91］蔡景庆. 长株潭"两型产业"的路径优化［J］. 重庆社会科学，2009
（9）：55 - 58.

［92］操小娟，李和中. "两型社会"视域下低碳经济发展激励政策模型分析
——以武汉城市圈为例［J］. 中国软科学，2011（7）：66 - 73.

［93］曹立军，杨中明. 基于系统动力学的两型社会评价与预测集成模型
［J］. 系统工程，2012（2）：61 - 67.

［94］曹丽莉. 产业集群网络结构的比较研究［J］. 中国工业经济，2008
（8）：143 - 152.

［95］曹亮，曾金玲，陈勇兵. CAFTA 框架下的贸易流量和结构分析——基于
GTAP 模型的实证研究［J］. 财贸经济，2010（4）：76 - 84.

［96］陈晓红，程鑫. 可持续发展与企业环境战略研究——以长株潭城市群碳
排放对两型产业发展的影响为例［J］. 南开管理评论. 2013，16（6）：
106 - 111.

［97］陈晓红，程鑫. 产业两型化发展效率测算及影响因素——基于省级面板
数据的经验分析［J］. 系统工程. 2013，13（6）：100 - 107.

［98］陈晓红，陈石. 企业两型化发展效率度量及影响因素研究［J］. 中国软
科学，2013，04：128 - 139.

［99］陈建军，胡晨光. 产业集聚的集聚效应——以长江三角洲次区域为例的
理论和实证分析［J］. 管理世界，2009（6）：68 - 83.

［100］陈江喜，何日贵，余慎. 衢州市产业集群发展现状及金融支持对策研
究［J］. 浙江金融，2007（6）：38 - 38.

［101］陈业华，杜慧娟，王月秋. 产业集群隐性知识显性化研究［J］. 科学
学与科学技术管理，2010，31（7）：92 - 97.

［102］程学童. 集群式民营企业成长模式分析［M］. 北京：中国经济出版社，
2005.

［103］范方志，张立军. 中国地区金融结构转变与产业结构升级研究［J］.
金融研究，2004（11）：36 - 48.

［104］范剑勇. 市场一体化、地区专业化与产业集聚趋势——兼谈对地区差
距的影响［J］. 中国社会科学，2005（6）：39 - 51.

[105] 封思贤，李政军，谢静. 经济增长方式转变中的金融支持——来自长三角的实证分析 [J]. 中国软科学，2011（5）：74－82.

[106] 冯薇. 产业集聚、循环经济与区域经济增长 [M]. 北京：经济科学出版社，2008：147－226.

[107] 付剑. 山西省循环经济发展的金融支持体系构建 [J]. 经济问题，2014（4）：110－115.

[108] 龚曙明，朱海玲. "两型社会"综合监测评价体系与方法研究 [J]. 统计与决策，2009（3）：14－16.

[109] 谷任，邝国良. 产业集群、金融发展与产业竞争力 [J]. 中国软科学，2007（6）：92－95.

[110] 顾海峰. 产业生命周期、战略性新兴产业演进与金融支持研究——基于资本市场的分析视角 [J]. 理论学刊，2013（4）：56－60.

[111] 关里. 区域金融发展视角下促进浙江产业集群升级的探讨 [J]. 商场现代化，2009（15）：134－135.

[112] 郭岩岩，张婷. 我国金融支持与产业集群发展的相关性研究——基于6省市的面板数据分析 [J]. 价值工程，2013（7）：149－150.

[113] 哈耶克. 个人主义与经济秩序 [M]. 上海：三联出版社，2003.

[114] 韩廷春. 金融发展与经济增长：基于中国的实证分析 [J]. 经济科学，2001（3）：31－40.

[115] 韩廷春. 金融发展与经济增长：理论，实证与政策 [M]. 北京：清华大学出版社有限公司，2002.

[116] 何振亚. 产业集群创新的区域金融扶持体系研究：宁波案例 [J]. 金融理论与实践，2007（12）：46－48.

[117] 洪艳. "两型社会"视角下湖南产业集群探析 [J]. 湖南社会科学，2008（3）：107－112.

[118] 黄凯南. 企业和产业共同演化理论研究 [D]. 山东：山东大学，2007.

[119] 黄晓，胡汉辉. 产业集群问题最新研究评述与未来展望 [J]. 软科学，2013，27（1）：5－9.

[120] 惠宁. 分工深化促使产业集群成长的机理研究 [J]. 经济学家，2006

（1）：108 – 114.

[121] 暨雪吟. 国外产业集群的实践与借鉴 ［J］. 宏观经济管理，2013（9）：90 – 91.

[122] 江青虎，余红剑. 产业集群的知识流动与动态能力形成研究 ［J］. 全国商情：经济理论研究，2009（9）：4 – 6.

[123] 阚景阳，张运鹏. 产业集群金融支撑体系建设研究 ［J］. 经济与管理，2010，24（4）：77 – 81.

[124] 李红忠，余祥勇. 金融支持区域经济由"资源型"向"循环型"转变的调查与分析 ［J］. 武汉金融，2008（11）：28 – 29.

[125] 李建军. 跨境流动地下资金规模与汇率变化的关系 ［J］. 中央财经大学学报，2005（02）：21 – 23.

[126] 李琳，韩宝龙，高攀. 地理邻近对产业集群创新影响效应的实证研究 ［J］. 中国软科学，2013（1）：167 – 175.

[127] 李明，付景涛，王敬宇. "两型社会"建设与长株潭城市群公共管理制度创新 ［J］. 湖南社会科学，2009（1）：68 – 71.

[128] 李杨，杨为官. 考虑金融因素的循环经济发展模式创新 ［J］. 中国海洋大学学报（社会科学版），2006（3）：40 – 42.

[129] 李思霖. 河南产业集群发展与金融支持研究 ［J］. 合作经济与科技，2012（4）：12 – 13.

[130] 李秀茹. CBD 金融集聚与产业集群共轭效应互动发展问题研究 ［J］. 当代经济研究，2013（10）：63 – 69.

[131] 李正辉，任英华，姚莉媛，等. "两型社会"综合指标体系研究 ［J］. 财经理论与实践，2009（3）：114 – 117.

[132] 梁志朋，叶三薇，徐鹏廷. 基于"两型社会"建设的湖北县域特色产业集群发展研究 ［J］. 工业技术经济，2009，28（3）：79 – 84.

[133] 林毅夫，李永军. 中小金融机构发展与中小企业融资 ［J］. 2001（1）：10 – 18.

[134] 凌智勇，易棉阳，石华军. 论绿色金融与两型社会建设 ［J］. 湖南工业大学学报（社会科学版），2010（2）：29 – 32.

[135] 刘传江，冯碧梅. 低碳经济对武汉城市圈建设"两型社会"的启示 [J]. 中国人口、资源与环境，2009，19（5）：16－21.

[136] 刘国宜，胡振华，易经章. 产业集群的动力来源研究 [J]. 湖南社会科学，2013（3）：167－169.

[137] 刘红. 上海金融中心建设与区域产业集聚 [J]. 新金融，2012（4）：29－34.

[138] 刘建民，吴飞，吴金光. 湖南战略性新兴产业发展的金融支持研究. [J]. 湖南大学学报（社会科学版），2012，26（6）：67－72.

[139] 刘解龙. 增强"两型社会"建设体制机制创新的可持续性研究 [J]. 湖南社会科学，2011（4）：93－97.

[140] 刘金友，胡黎明. 产业集群视角下的长株潭"3＋5"城市群发展战略 [J]. 湖南社会科学，2011（2）：110－114.

[141] 刘世锦. 为产业升级和发展创造有利的金融环境 [J]. 上海金融，1996（4）：31－46.

[142] 刘天卓. 产业集群的生态属性与阶段化特征研究 [D]. 合肥：中国科学技术大学，2006.

[143] 刘新华. 关于武汉城市圈建设"两型社会"的几点思考 [J]. 系统科学学报，2009，17（1）：93－96.

[144] 卢定月，张传林. 金融支持产业集聚区发展研究——以河南省产业集聚区建设为例 [J]. 金融理论与实践，2010（12）：48－51.

[145] 卢亚娟，褚保金. 区域产业集群发展的金融支持机制研究：案例分析 [J]. 经济学动态，2011（4）：92－95.

[146] 芦彩梅，梁嘉骅. 产业集群协同演化模型及案例分析——以中山小榄镇五金集群为例 [J]. 中国软科学，2009（2）：142－151.

[147] 陆立军，俞航东，陆瑶. 专业市场和产业集群的关联强度及其影响因素——基于浙江省绍兴市万份问卷的分析 [J]. 中国工业经济，2011（01）：151－160.

[148] 陆立军，郑小碧. 基于演化动力学的专业市场与产业集群互动机理的理论与应用研究——以"义乌商圈"为例 [J]. 南开管理评论，2011，

14（3）：52 - 62.

[149] 陆文聪，胡雷芳，祁慧博. 知识密集型产业集群发展动力机制模型构建——基于人力资本集聚的视角［J］. 科技进步与决策，2013，30（3），65 - 68.

[150] 栾晓梅. "两型社会"视角下武汉城市圈产业集群发展分析［J］. 湖北社会科学，2012（4）：50 - 53.

[151] 罗勇. 产业集聚，经济增长与区域差距：基于中国的实证［M］. 北京：中国社会科学出版社，2007.

[152] 马鸿杰，胡汉辉. 集群内中小企业信贷融资因素分析——基于常州三个产业集群的实证［J］. 软科学，2009（7）：103 - 108.

[153] 麦金农. 经济发展中的货币与资本［M］. 三联书店上海分店，1988.

[154] 庞任平. 建立发展循环经济的金融支持体系［J］. 金融理论与实践，2006（08）：42 - 43.

[155] 庞跃华，曾令华. 企业非"两型产业"行为的表现、原因及规制［J］. 求索，2010（11）：93 - 95.

[156] 彭新宇. 湖南省农村"两型社会"建设的路径选择及体制机制创新［J］. 湖南社会科学，2011（4）：101 - 105.

[157] 彭艺，贺正楚，翟欢欢. "两型社会"农业生产体系评价模型及评价指标［J］. 经济地理，2010，30（5）：819 - 822.

[158] 钱水土，江乐. 浙江区域金融结构对产业集聚的影响研究——基于面板数据的实证分析［J］. 统计研究，2009，26（10）：62 - 67.

[159] 钱水土，翁磊. 社会资本、非正规金融与产业集群发展——浙江经验研究［J］. 金融研究，2009（11）：194 - 206.

[160] 钱志新. 产业集群的理论与实践：基于中国区域经济发展的实证研究［M］. 北京：中国财政经济出版社，2004.

[161] 乔海曙，王修华. 两型社会建设的理论探索与体制机制创新——首届"两型社会建设论坛"综述［J］. 经济研究，2009（5）：156 - 160.

[162] 瞿腾飞，胡苗苗. "两型社会"视野下城市可持续发展评价模型——基于武汉市的实证研究［J］. 中南财经政法大学研究生学报，2009（6）：

18 - 26.

[163] 阮建青,张晓波,卫龙宝. 危机与制造业产业集群的质量升级——基于浙江产业集群的研究 [J]. 管理世界,2010 (2):69 - 79.

[164] 冉光和,吴昊,邵腾伟. 金融支持与产业集群发展:西部三省(市)的经验证据 [J]. 广东社会科学,2011 (3):34 - 41.

[165] 沈红波,寇宏,张川. 金融发展、融资约束与企业投资的实证研究 [J]. 中国工业经济,2010 (6):55 - 64.

[166] 沈小平,李传福. 创新型产业集群形成的影响因素与作用机制 [J]. 科技管理研究,2014 (14):144 - 147.

[167] 孙红玲. 中国"两型社会"建设及"两型产业"发展研究——基于长株潭城市群的实证分析 [J]. 中国工业经济,2009 (11):25 - 34.

[168] 王定祥,李伶俐,冉光和. 金融资本形成与经济增长 [J]. 经济研究,2009 (9):39 - 51.

[169] 王欢芳. 我国产业集群低碳发展水平及升级模式研究 [D]. 长沙:中南大学,2012.

[170] 王欢芳,胡振华. 产业集群低碳化升级路径研究——以长株潭城市群为例 [J]. 现代城市研究,2012 (2):76 - 81.

[171] 王缉慈. 创新的空间:企业集群与区域发展 [M]. 北京:北京大学出版社,2001.

[172] 王坤,张建华. 产业集群相关概念辨析及研究进展 [J]. 科学管理研究,2012 (2):84 - 88.

[173] 王伟. 产业集群的金融需求与金融促进 [J]. 金融理论与实践,2008 (11):73 - 78.

[174] 王兴禹. 中西部两型产业发展环境评价研究 [D]. 合肥:中国科学技术大学,2011:11 - 42.

[175] 王子龙. 产业集聚水平测度的实证研究 [J]. 中国软科学,2006 (3):109 - 116.

[176] 王卉彤,陈保启. 环境金融:金融创新和循环经济的双赢路径 [J]. 上海金融,2006 (06):29 - 31.

［177］魏守华，刘光海. 产业集群内中小企业间接融资特点及策略研究［J］. 财经研究，2002（9）：53－59.

［178］温辉. "两型社会" 建设中财政支持研究［J］. 求索，2009（5）：75－76.

［179］文春晖，李明贤. PPP 模式与我国 "两型社会" 建设［J］. 财经问题研究，2011（3）：59－63.

［180］吴德进. 产业集群的组织性质：属性与内涵［J］. 中国工业经济，2004（7）：14－20.

［181］吴焕新，彭万力. "两型社会" 建设的经济发展战略选择与对策思考［J］. 湖南社会科学，2008（5）：96－101.

［182］吴娟. 长株潭城市群 "两型社会" 产业评价体系及政策研究［D］. 长沙：湖南师范大学，2008.

［183］吴玫玫，张燕锋，林逢春. 基于社会结构视角的环境友好型社会评价（I）：指标体系构建［J］. 资源经济，2010（11）：101－105.

［184］吴志强，王效俐，孙靖文. 低碳产业园建设策略研究［J］. 经济论坛，2010（11）：157－159.

［185］伍博超，朱方明. 长株潭城市群 "两型" 产业集群发展战略思考［J］. 求索，2011（4）：46－50.

［186］席玲慧. 金融支持 "两型社会" 建设的政策措施研究［J］. 金融经济，2010（006）：24－26.

［187］谢圆圆，傅泽强. 基于生态效率视角的循环经济分析［J］. 绿色经济，2012（9）：49－51.

［188］熊璞刚. "两型社会" 视角下长株潭产业集群发展研究［D］. 北京：首都经济贸易大学，2009.

［189］熊正德，韩丽君. 构建长株潭城市群 "两型社会" 的金融支持体系研究［J］. 湖南大学学报（社会科学版），2012，25（6）：155－160.

［190］阳毅. 两型背景下产业集群创新的影响因素及对策分析［J］. 技术与创新 管理，2012，33（2）：134－138.

［191］杨红波. 区域金融结构与产业集聚区经济增长关系研究［D］. 浙江工

商大学. 2008.

[192] 叶文忠. 长株潭城市群"两型社会"的内涵和特征研究 [J]. 湖南科技大学学报, 2010 - 11 - 6 (13).

[193] 叶文忠, 欧婵娟, 李林. 基于粗糙集理论的"两型社会"发展评价 [J]. 统计与决策, 2011 (11): 34 - 37.

[194] 叶祥松, 崔建华, 晏宗新, 等. 宏观经济、金融稳定与产业发展——金融稳定与产业发展论坛综述 [J]. 经济研究, 2010 (03): 156 - 160.

[195] 尹向东, 刘敏. 以扩大绿色消费需求推进湖南"两型社会"纵深发展 [J]. 湖南社会科学, 2011 (3): 114 - 117.

[196] 游达明, 马北玲, 胡小清. 两型社会建设水平评价指标体系研究——基于中部地区两型社会建设的实证分析 [J]. 科技进步与决策, 2012, 29 (8): 107 - 111.

[197] 袁灵, 王朝阳. 资源型产业集群水平的经验数据分析 [J]. 统计与决策, 2013 (5): 93 - 95.

[198] 战焰磊. 产业集群对区域经济发展的双向效应——基本方式与作用机理 [J]. 技术经济与管理研究, 2011 (1): 99 - 103.

[199] 张强, 王忠生. 长株潭城市群区域金融生态环境优化研究——基于长株潭城市群"两型社会"建设的思考 [J]. 求索, 2008 (7): 12 - 14.

[200] 张然斌, 欧阳强. 论构建有利于循环经济发展的和谐金融环境 [J]. 金融理论与实践, 2006 (08): 6 - 8.

[201] 张荣刚, 梁琦. 产业集群内中小企业融资环境实证分析 [J]. 生产力研究, 2007 (01): 135 - 136.

[202] 张淑静. 产业集群的识别、测度和绩效评价研究 [D]. 武汉: 华中科技大学, 2006.

[203] 张司飞. 基于产业集群的中小企业间接融资模式研究 [J]. 武汉理工大学学报 (社会科学版), 2013, 26 (4): 532 - 535.

[204] 张小蒂, 王永齐. 融资成本、企业家形成与内生产业集聚: 一般分析

框架及基于中国不同区域的比较分析［J］. 世界经济，2009（9）：15－26.

［205］张雪兰. 金融支持湖北"两型社会"建设的现状省思与对策探讨［J］. 武汉金融，2010（2）：34－36.

［206］赵海东，吴晓军. 产业集群的阶段性演进［J］. 经济研究，2006（6）：50－52.

［207］赵静，曹伊清，徐挺，等. 低碳经济与"两型社会"的相关性及指标研究［J］. 环境科学与管理，2010，35（6）：163－169.

［208］赵静，曹伊清，尹大强. "两型社会"建设环境指标体系研究［J］. 中国人口、资源与环境，2010，20（3）：245－248.

［209］赵祥. 企业集群融资机制的变迁［J］. 经济与管理研究，2005（1）：49－53.

［210］赵勇，雷达. 金融发展与经济增长：生差率促进抑或资本形成［J］. 世界经济，2010（2）：37－50.

［211］郑江淮，高彦彦. 企业"扎堆"、技术升级与经济绩效［J］. 经济研究，2008（5）：33－46.

［212］中国人民银行南昌中心支行课题组. 金融支持江西产业集群发展问题研究［J］. 金融与经济，2009（3）：45－48.

［213］中国人民银行武汉分行课题组，常新，何阳钧. 关于金融支持武汉城市圈新型工业化发展的调研报告［J］. 武汉金融，2010，10（1）：26－32.

［214］中国人民银行杭州中心支行课题组. 金融创新与产业集群转型升级研究——以浙江为例［J］. 浙江金融，2011（05）：9－16.

［215］周兵，冉启秀. 产业集群形成的理论溯源［J］. 商业研究，2004（14）：76－77.

［216］周海燕. 金融支持促进广西临港产业集群发展的思考［J］. 区域金融研究，2010（12）：55－58.

［217］周立，王子明. 中国各地区金融发展与经济增长实证分析：1978－2000［J］. 金融研究，2002（10）：1－12.

［218］周晓强．长株潭城市群“两型社会”金融生态环境问题研究［J］．湖南社会科学，2009（5）：12–14．

［219］朱海玲，施卓宏．“两型社会”建设中绿色 GDP 评价体系的建立与实施机制研究［J］．湖南社会科学，2011（4）：98–100．

［220］朱连才．金融支持循环经济发展研究——以发达国家实践经验为借鉴［J］．武汉金融，2010（02）：23–26．

［221］朱秀梅．高技术产业集群创新路径与机理实证研究［J］．中国工业经济，2008（2）：66–75．

后 记

金融是经济发展的命脉，如何为企业发展提供有效的支持，推动企业、产业直至整个宏观经济的稳定、健康发展，是政府、金融机构和企业永恒的思考主题。随着粗放式经济增长方式弊端的显现、环境压力的增大，"两型"社会建设成为经济社会未来的发展方向，而"两型"产业集群是"两型"社会建设的关键，为促进集群发展，与之对应的金融支持不可或缺。通过深入研究，本书认为：

一、"两型"产业集群的构成决定了其金融需求存在同质性、关联与传播性、稳定性等特征，可以划分为生存性需求、扩张性需求、便利性需求、风险规避和增值需求及个性化需求等五个层次，但处于不同生命周期的"两型"产业集群存在的金融需求各异，同一产业集群内的不同规模的企业产生的金融服务需求也存在较大差别。在获取金融支持时，"两型"产业集群不仅具有金融服务效率机制和政策倾斜的优势，同时也面临亟待突破的限制。

二、金融体系与"两型"产业集群发展之间是一个多阶段多层级的互动过程，一个系统内任一要素的适应性变化以及任一环境因素的适应性调整与阶段性转换，都将对其他要素、环境、系统的演化路径与功能产生影响，进而通过反馈机制影响另一系统的演化。金融体系的支持对"两型"产业集群发展的引导与促进主要体现在：一方面，金融体系通过金融资源配置，促进技术创新，有效过滤微观主体，引导产业集群"两型"化；另一方面，金融创新有助于促进"两型"产业集群发展升级，以及通过产业链金融模式提升"两型"产业集群产业链价值。

三、金融资源是产业集群发展的关键支撑，同时也是其取得竞争优势的重要来源。能有效支持"两型"产业发展的金融体系由三方面构成：一是完善的金融市场支持体系，包括搭建技术平台、银企对接平台、综合性服务平台等完善的金融支持平台以及实现多元化的金融渠道支持；二是完善的金融机构体系；三是配套的金融服务模式与产品体系，如绿色金融体系。

四、以长株潭"两型"社会试验区为例，针对金融支持与试验区内"两型"产业集群发展之间的关系进行了实证研究。依据结合产业集群和"两型"化两个维度构建"两型"产业集群测度指标体系，并对长株潭"两型"社会试验区产业集群发展现状进行测度，测度结果显示目前长沙"两型"产业集群发展处于较高水平，而株洲的"两型"产业集群水平则相对较低。对该区域"两型"产业集群与金融发展水平之间的关系的实证研究显示，长株潭地区金融发展水平对产业集群发展具有积极影响，其中，正规金融对长株潭地区产业集群发展具有长期稳定的促进作用，但非正规金融与产业集群发展水平之间存在负向关系。

五、为更好地实现金融支持对"两型"产业集群发展的促进作用，需要从如下四个方面考虑：一是完善"两型"产业集群的金融支持体系，包括完善金融市场与组织体系、创新金融产品与服务模式等；二是促进正规金融与非正规金融的协调发展；三是加强金融环境建设，包括完善信用体系建设、健全法律保障体系等；四是针对"两型"产业集群实行差别化的金融政策。

然而，由于金融环境的快速变化以及笔者时间精力的有限，导致本书的研究还存在一定的不足，未来的研究可以把以下内容作为切入点：一是本书虽从内涵、动力机制、互动模式、阶段特征等方面，对金融体系与"两型"产业集群发展的互动机理进行了较为深入的理论分析，但缺乏对目前二者互动模式、互动阶段等的数据资料与实证研究，在对二者互动现状的深入挖掘的基础上，以实现金融支持对"两型"产业集群发展更好的引导和促进，这是下一步研究的重要方向。二是由于数据收集存在困难，本书无法收集到来自"两型"产业集群的详细数据，进行实证研究的数据均来自宏观层面，若能够收集更多的来自具体集群层面的微观数据，将是对本研究有益的完善。

至此，本书的写作基本结束。在这秋高气爽的季节，我的博士论文终于将出版成册。看着窗外的落叶和已经枯黄的小草，遥想当年参加广东金融学院主办的"金融支持与产业集群发展"论坛而获得本书主题的创意，如今已是匆匆数年，在岳麓山脚下写作的日夜也成为我终生难忘的记忆。本书稿能得以顺利完成，得到了很多老师、同学、师兄弟姐妹及家人的帮助与支持，在此书稿完成之际，谨向所有关心和帮助过我的人致以衷心的感谢！

感谢我的恩师邓超教授。邓老师是一个学识渊博、态度严谨、为人谦逊、待人诚恳的人，能进入师门团队学习和深造，我深感幸运，这些年来导师给予的谆谆教诲和悉心关怀将使我终生难忘。他以身作则，言传身教，不仅教导我如何做学问，更教育我如何做人。论文能够顺利完成，离不开邓老师的指导、鼓励与支持。从论文的选题、框架的构建到论文定稿的整个过程，导师给予了宝贵的意见，并投入了大量的时间和精力，论文凝聚了导师大量心血，他曾严厉批评我论文写作不够用心，也曾为我逐字修改论文至深夜。

同时，感谢师母谢老师一直以来对我的关心和爱护；感谢成沛祥、贺毅、唐莹、曾文潮、程健、肖沁林、符方赞等师兄弟姐妹在我博士学习、论文写作、数据搜集等方面提供的支持；感谢各位论文评审老师和答辩老师给予文章的指导和修改意见；感谢湖南师范大学出版社的编辑为本书出版做的大量工作！

最后，特别感谢父母对我的无私关爱和默默支持，尤其是母亲近年来不辞劳苦为我操劳家务抚养小孩；感谢爱人对我的包容及对我学业与事业的鼎力支持，是他不间断的鼓励推动我不断前进；感谢女儿的到来，她是我快乐的源泉，也是我奋斗的动力。

胡梅梅